NOTICE

DE

LIVRES CLASSIQUES

A L'USAGE

DE L'ENSEIGNEMENT SECONDAIRE CLASSIQUE

(LYCÉES, COLLÈGES, SÉMINAIRES, INSTITUTIONS ET PENSIONS)

ET DE L'ENSEIGNEMENT SUPÉRIEUR

PARIS

LIBRAIRIE HACHETTE ET Cie

79, BOULEVARD SAINT-GERMAIN, 79

Novembre 1897

TABLE DES MATIÈRES

On adressera franco aux personnes qui en feront la demande :

Le catalogue des livres d'éducation et d'enseignement;
Le catalogue des livres de littérature générale et de connaissances utiles;
Le catalogue des livres reliés pour les distributions de prix;
Le catalogue des livres à l'usage des bibliothèques populaires;
Le catalogue des livres pour étrennes;
Le catalogue des publications et matériel à l'usage des écoles maternelles;
Le catalogue des publications et matériel à l'usage des écoles primaires;
Le catalogue des livres espagnols.

1° PÉDAGOGIE

Bigot (Ch.). *Questions d'enseignement secondaire.* 1 vol. in-16 br. 3 fr. 50

Bréal (Michel), inspecteur général de l'instruction publique. *Quelques mots sur l'instruction publique en France.* 1 vol. in-16, broché. 3 fr. 50

— *Excursions pédagogiques* en Allemagne, en Belgique et en France. 1 vol. in-16, broché. 3 fr. 50

— *De l'enseignement des langues anciennes.* 1 vol. in-16, broché. 2 fr.

— *De l'enseignement des langues vivantes,* 1 vol. in-16, broché. 2 fr.

— *Causeries sur l'orthographe française.* 1 vol. in-16, broché. 1 fr.

Compayré. *Histoire critique des doctrines de l'éducation en France depuis le XVI° siècle.* 2 vol. in-16, brochés. 7 fr.

— *Études sur l'enseignement et sur l'éducation.* 1 vol. in-16, broché. 3 fr. 50

— *L'évolution intellectuelle et morale de l'enfant,* 2° édit. 1 vol. in-8. br. 5 fr.

Fouillée (A.), membre de l'Institut. *L'enseignement au point de vue national.* 1 vol. in-16, broché. 3 fr. 50

Gréard (O.), vice-recteur à l'Académie de Paris. *Éducation et instruction.* 3 vol. in-16, brochés :

— *Enseignement secondaire.* 2 vol. 7 fr.

— *Enseignement supérieur.* 1 vol. 3 fr. 50
Chaque ouvrage se vend séparément.

Jouvency (le P.). *De la manière d'apprendre et d'enseigner,* trad. H. Ferté, in-16, broché. 1 fr.

— *L'élève de rhétorique* au collège Louis-le-Grand, trad. H. Ferté, in-16, br. 1 fr.

Martin. *L'éducation du caractère.* 1 vol. in-16, broché. 3 fr. 50

Rochard (Dr Jules). *L'éducation de nos fils.* 1 vol. in-16, broché. 3 fr. 50

— *L'éducation de nos filles.* 1 vol. in-16, broché. 3 fr. 50

2° PROGRAMMES ET MANUELS POUR DIVERS EXAMENS

Livret scolaire à l'usage de l'enseignement secondaire classique, in-4°, cart. 60 c.

Livret scolaire à l'usage de l'enseignement secondaire moderne, in-4°, cart. 60 c.
Ces livrets existent soit pour les lycées et collèges, soit pour les établissements libres.

Mémento du baccalauréat de l'enseignement secondaire classique. Édition entièrement refondue et rédigée conformément aux derniers programmes.

PREMIÈRE PARTIE

Littérature, comprenant : Conseils sur les épreuves écrites ; — Notices sur les auteurs et les ouvrages grecs, latins, français, allemands et anglais, indiqués pour l'explication orale ; — Notions de Rhétorique et de Littérature classique, par M. Albert Le Roy. 1 vol. petit in-16, cartonné. 5 fr.

Histoire et Géographie, comprenant : l'Histoire de l'Europe et de la France de 1610 à 1789 et la Géographie de la France (classe de Rhétorique), par MM. G. Ducoudray et Poux. 1 vol. petit in-16, cartonné. 3 fr. 50

Partie scientifique, comprenant : des notions d'Arithmétique (Troisième), d'Algèbre (Troisième et Seconde), de Géométrie (Quatrième, Troisième et Seconde) et de Cosmographie (Rhétorique), par MM. Bos et Barré. 1 vol. petit in-16, cartonné. 2 fr.

SECONDE PARTIE

PREMIÈRE SÉRIE

Philosophie, Histoire contemporaine, comprenant : Conseils sur la composition de philosophie, Histoire de la Philosophie, Auteurs de Philosophie, Histoire contemporaine 1789-1889, par MM. R. Thamin et G. Ducoudray, 1 vol. petit in-16, cartonné. 3 fr. 50

Éléments de Physique et de Chimie, notation atomique par M. Banet-Rivet, professeur au lycée Saint-Louis, 1 vol. petit in-16, cartonné. 2 fr.

Histoire naturelle, par MM. Mangin, professeur au lycée Louis-le-Grand, et Retterer, professeur agrégé à la Faculté de médecine de Paris. 1 vol. petit in-16, cartonné. » »

DEUXIÈME SÉRIE

Mathématiques, comprenant : l'Arithmétique, l'Algèbre, la Géométrie, la Géométrie descriptive, la Trigonométrie, la Cosmographie et la Mécanique, par MM. Bos, Bezodis, Pichot et Mascart, agrégés de l'Université. 1 vol. petit in-16, cartonné, 5 fr.

Physique et Chimie, notation atomique par M. Banet-Rivet, 1 vol. petit in-16, cartonné. 3 fr. 50

Éléments de philosophie scientifique et morale. Histoire contemporaine, par MM. B. Worms et G. Ducoudray. 1 vol. petit in-16, cartonné. 2 fr.

Plan d'études et programmes de l'enseignement secondaire classique dans les lycées et collèges. Brochure in-16.   1 fr. 25

Plan d'études et programmes de l'enseignement secondaire moderne, arrêtés le 15 juin 1891. Brochure in-16.   1 fr. 25

Plan d'études et programmes de l'enseignement secondaire des jeunes filles, arrêtés le 27 juillet 1897. Brochure in-16.   1 fr.

Programme des examens du baccalauréat de l'enseignement secondaire classique. In-16.   30 c.

Programme de l'examen du baccalauréat de l'enseignement secondaire moderne. In-16.   30 c

Programme des conditions d'admission à l'École spéciale militaire de Saint-Cyr. Brochure in-16.   30 c

Programme pour l'admission à l'École polytechnique. In-16.   30 c

Programme des conditions d'admission à l'Ecole navale. Brochure in-16.   30 c

3° ÉTUDE DE LA LANGUE FRANÇAISE

Albert (Paul), ancien professeur au Collège de France. *La poésie*, études sur les chefs-d'œuvre des poètes de tous les temps et de tous les pays. 1 vol. in-16, broché.   3 fr. 50

— *La prose*, études sur les chefs-d'œuvre des prosateurs de tous les temps et de tous les pays. 1 vol. in-16, br.   3 fr. 50

— *La littérature française*, des origines à la fin du xvi° siècle. 1 vol. in-16, br. 3 fr.50

— *La littérature française au xvii° siècle*. 1 vol. in-16, broché.   3 fr. 50

— *La littérature française au xviii° siècle*. 1 vol. in-16, broché.   3 fr. 50

— *La littérature française au xix° siècle*. 2 vol. in-16, brochés.   7 fr.

— *Variétés*. 1 vol. in-16, broché.   3 fr. 50

Barrau. *Méthode de composition et de style*, ou principes de l'art d'écrire en français, suivie d'un choix de modèles. 1 vol. in-16, cartonné.   2 fr. 75

Berthet (J.), professeur au lycée Condorcet : *La composition française à l'examen de Saint-Cyr*. 1 vol. in-16, broché.   2 fr.

Bigot. *Lectures choisies de français moderne*. 1 vol. in-16, cart. toile. 1 fr. 50

Brachet (Auguste), lauréat de l'Académie française. *Nouvelle grammaire française*, fondée sur l'histoire de la langue. 1 vol. in-16, cartonné.   1 fr. 50

— *Exercices sur la nouvelle grammaire française*, par M. Dussouchet, agrégé de grammaire :
   Livre de l'élève. 1 v. in-16, cart. 1 fr. 50

Brachet (suite). *Petite grammaire française*. 1 vol. in-16, cartonné.   80 c.

— *Exercices* sur la petite grammaire française, par M. Dussouchet :
   Livre de l'élève. 1 vol. in-16, cart. 80 c.

Brachet (A.) et **Dussouchet**, professeur au lycée Henri IV : *Cours de grammaire française*, conforme au programme de l'enseignement secondaire classique. 12 ol. in-16, cartonnage toile :

Cours préparatoire.

   Grammaire et exercices. 1 vol.   1 fr.
   Corrigé des exercices. 1 vol.   2 fr.

Cours élémentaire.

   Grammaire et exercices. 7° édition. 1 vol.   1 fr. 20
   Corrigé des exercices. 2° éd. 1 vol. 2 fr. 50
   Exercices complémentaires. 1 vol.   1 fr.
   Corrigé des exerc. complém. 1 vol. 2 fr.

Cours moyen.

   Grammaire. 8° édition. 1 vol.   1 fr. 20
   Exercices. 6° édition. 1 vol.   1 fr.
   Exercices complémentaires et corrigés. 1 vol.   2 fr. 75

Cours supérieur.

   Grammaire, 8° édition. 1 vol.   2 fr. 50
   Exercices étymologiques, 4° édition. 1 vol.   1 fr.
   Corrigé des exercices étymologiques. 2° édition. 1 vol.   2 fr

Cahen (A.), professeur de rhétorique au lycée Louis-le-Grand : *Morceaux choisis des auteurs français*, prose et vers, publiés conformes au programme du 28 janvier

1890, à l'usage de l'enseignement secondaire classique, avec des notices et des notes, 7 vol. in-16, cartonnage toile :

Classe de Huitième (Jost), 1re série, 1 vol. — 1 fr. 50
Classe de Septième (Jost), 2e série, 1 vol. — 2 fr.
Classe de Sixième. 1 vol. — 2 fr. »
Classe de Cinquième. 1 vol. — 2 fr. 50
Classe de Quatrième. 1 vol. — 3 fr.
Classes de Troisième, Seconde et Rhétorique. 2 vol. :
Prose, 1 vol. — 4 fr.
Poésie, 1 vol. — 3 fr. 50

— *Morceaux choisis des auteurs français classiques et contemporains*, publiés conformes au programme du 15 juin 1891 pour l'enseignement moderne, avec des notices et des notes. Classes de 6e, 5e et 4e. 1 vol. in-16, cart. toile. — 4 fr.

Chassang, ancien inspecteur général de l'instruction publique. *Modèles de composition française*, empruntés aux écrivains classiques, à l'usage des classes supérieures et des aspirants au baccalauréat. 1 vol. in-16, cart. — 2 fr.

Classiques français. Nouvelle collection format petit in-16, publiée avec des notices, des arguments analytiques et des notes, par les auteurs dont les noms sont indiqués entre parenthèses.

Ces éditions se recommandent par la pureté du texte, la concision des notes, la commodité du format, l'élégance et la solidité du cartonnage.

Boileau : Œuvres poétiques (Brunetière). Prix : — 1 fr. 50
— Poésies, Extraits des œuvres en prose (Brunetière). — 2 fr.
— L'art poétique (Brunetière). — 30 c.
— Le Lutrin (Brunetière). — 30 c.
— Les Épitres (Brunetière). — 60 c.
Bossuet : Sermons choisis (Rébelliau). Prix : — 3 fr.
— *De la connaissance de Dieu* (De Lens). Prix : — 1 fr. 60
— Oraisons funèbres (Rébelliau). 2 fr. 50
— Extraits des œuvres diverses (Rébelliau). — » »
Buffon : Morceaux choisis (E. Dupré). Prix : — 1 fr. 50
— Discours sur le style. — 30 c.
Chanson de Roland. Extraits (G. Páris.). Prix : — 1 fr. 0
Chateaubriand : Récits, scènes et paysages (Brunetière). — » »
Chefs-d'œuvre poétiques de Marot, Ronsard, etc. (Lemercier). — 2 fr.
Choix de lettres du XVIIe *siècle* (Lanson). Prix : — 2 fr. 50

Choix de lettres du XVIIIe *siècle* (Lanson) Prix : — 2 fr. 50
Chrestomathie du Moyen âge (Páris et Langlois). — 3 fr.
Corneille : Le Cid (Petit de Julleville). Prix : — 1 fr.
— Cinna (Petit de Julleville). — 1 fr.
— Horace (Petit de Julleville). — 1 fr.
— Nicomède (Petit de Julleville). — 1 fr.
— Le Menteur (Petit de Julleville). — 1 fr.
— Polyeucte (Petit de Julleville). — 1 fr.
— Scènes choisies (Petit de Julleville). 1 fr.
— Théâtre choisi (Petit de Julleville). 3 fr.
Diderot : Extraits (Texte). — 2 fr.
Extraits des chroniqueurs (Paris et Jeanroy). — 2 fr. 50
Extraits des historiens du XIXe *siècle* (Jullian). — 3 fr. 50
Extraits des moralistes des XVIIe, XVIIIe *et* XIXe *siècles* (Thamin). — 2 fr. 50
Fénelon : Fables (A. Regnier). — 75 c.
— Sermon pour la fête de l'Epiphanie (G. Merlet). — 60 c.
— Télémaque (Chassang). — 1 fr. 80
Florian : Fables (Geruzez). — 75 c.
Joinville : Histoire de saint Louis (Natalis de Wailly). — 2 fr.
La Bruyère : Caractères (G. Servois et Rébelliau). — 2 fr. 50
La Fontaine : Fables (Thirion). — 1 fr. 60
Lamartine : Morceaux choisis. — 2 fr.
Molière : L'Avare (Lavigne). — 1 fr.
— Le Misanthrope (Lavigne). — 1 fr.
— Le Tartufe (Lavigne). — 1 fr.
— Scènes choisies (Thirion). — 1 fr. 50
— Théâtre choisi (Thirion). — 3 fr.
Montaigne : Principaux chapitres et Extraits (Jeanroy). — 2 fr. 50
Montesquieu : Grandeur et décadence des Romains (Jullian). — 1 fr. 80
— Extraits de l'Esprit des Lois et des œuvres diverses (Jullian). — 2 f.
— Livre Ier de l'Esprit des Lois (Jullian). Prix : — 25 c.
Pascal : Provinciales I, IV, XIII et Extraits (Brunetière). — 1 fr. 50
— Opuscules et Pensées (Brunschwicg). Prix : — 3 fr. 50
Portraits et récits extraits des prosateurs du XVIe *siècle* (Huguet). 2 fr. 50
Racine : Andromaque (Lanson). — 1 fr.
— Britannicus (Lanson). — 1 fr.
— Esther (Lanson). — 1 fr.
— Iphigénie (Lanson). — 1 fr.
— Les plaideurs (Lanson). — 1 fr.
— Mithridate (Lanson). — 1 fr.
— Théâtre choisi (Lanson). — 3 fr.
Récits extraits des prosateurs et poètes du Moyen âge (G. Páris). — 1 fr. 50

Rousseau : Extraits en prose (Brunel).
Prix :   2 fr.

— Lettre sur les spectacles (Brunel).
Prix :   1 fr. 50

Sévigné : Lettres choisies (Ad. Regnier).
Prix :   1 fr. 80

Théâtre classique (Ad. Regnier).   3 fr.

Voltaire : Charles XII (Waddington). 2 fr.

— Siècle de Louis XIV (Bourgeois).
Prix :   2 fr. 75

— Extraits en prose (Brunel).   2 fr.

— Choix de lettres (Brunel).   2 fr. 25

Voir *Auteurs français* de Philosophie, page 12.

Classiques français, format in-16. Editions annotées par les auteurs dont les noms sont indiqués entre parenthèses.

Bossuet : Discours sur l'histoire universelle (Olleris).   2 fr. 50

Corneille : Théâtre choisi (Geruzez).
Prix :   2 fr. 50

Fénelon : Dialogues des morts (B. Jullien).   1 fr. 60

— Dialogues sur l'éloquence (Delzons).
Prix :   80 c.

— Opuscules académiques (Delzons). 80 c.

Massillon : Carême (Colincamp). 1 fr. 25

Racine : Théâtre choisi (E. Geruzez).
Prix :   2 fr. 50

Rousseau (J.-B.) : Œuvres lyriques (Geruzez).   1 fr. 50

Voltaire : Théâtre choisi (Geruzez).
Prix :   2 fr. 50

Delon. *La grammaire française d'après l'histoire.* 1 volume in-16, cartonnage toile.   3 fr.

Demogeot, agrégé de la Faculté des lettres de Paris. *Histoire de la littérature française* depuis ses origines jusqu'à nos jours. 1 vol. in-16, broché.   4 fr.

— *Textes classiques de la littérature française,* extraits des grands écrivains français, avec notices, appréciations et notes; recueil servant de complément à l'*Histoire de la littérature française.* Nouvelle édition, revue et augmentée. 2 vol. in-16, cartonnés.   6 fr.

     I. *Moyen âge,* XVIe et XVIIe *siècles.* 3 fr.

     II. XVIIIe et XIXe *siècles.*   3 fr.

Filon (A.). *Éléments de rhétorique française.* 1 vol. in-16, cartonné.   2 fr. 50

— *Nouvelles narrations françaises,* avec des arguments, à l'usage des candidats au baccalauréat. In-16, broché.   3 fr. 50

Labbé, ancien professeur au collège Rollin, *Morceaux choisis des classiques français* (prose et vers), 3 vol. in-16, cart. :
    Cours élémentaire. 1 vol.   1 fr.
    Cours moyen. 1 vol.   1 fr. 50
    Cours supérieur. 1 vol.   2 fr. 50

Lafaye. *Dictionnaire des synonymes de la langue française.* 4e édition, suivie d'un supplément. 1 vol. gr. in-8, broché. 23 fr.
Le cartonnage en percaline gaufrée se paye en sus 2 fr. 75 c.; la demi-reliure en chagrin, 4 fr. 50.

Lanson, maître de conférences à l'École normale supérieure : *Conseils sur l'art d'écrire.* Principes de composition et de style à l'usage des élèves des lycées et collèges et des candidats au baccalauréat. 1 vol. in-16, cart. toile.   2 fr. 50

— *Études pratiques de composition française,* sujets préparés et commentés pour servir de complément aux *Conseils sur l'art d'écrire.* 1 vol. in-16, cartonnage toile.   2 fr.

— *Histoire de la littérature française,* depuis ses origines jusqu'à nos jours, 1 vol. in-16, broché.   4 fr.
Cartonné toile.   4 fr. 50

Lehugeur (A.). *La chanson de Roland,* traduite en vers modernes, avec le texte ancien. 1 vol. in-16, broché.   3 fr. 50

Littré. *Dictionnaire de la langue française,* contenant la nomenclature la plus étendue, la prononciation et les difficultés grammaticales, la signification des mots avec de nombreux exemples et les synonymes, l'histoire des mots depuis les premiers temps de la langue française jusqu'au XVIe siècle, et l'étymologie comparée et augmentée d'un *Supplément.* 5 vol. gr. in-4 à 3 colonnes, brochés.   112 fr.
La reliure en demi-chagrin se paye en sus 24 fr.

Littré et Beaujean, ancien inspecteur de l'Académie de Paris. *Abrégé du Dictionnaire de la langue française de Littré,* contenant tous les mots qui se trouvent dans le dictionnaire de l'Académie française, plus un grand nombre de néologismes et de termes de science et d'art 9e édit. entièrement refondue et conforme pour l'orthographe, à la dernière édition du dictionnaire de l'Académie française 1 vol. grand in-8, broché.   13 fr
Cartonné toile.   14 fr. 50
Relié en demi-chagrin.   17 fr

— *Petit dictionnaire universel,* ou Abrégé du dictionnaire de la langue française de Littré, avec une partie mythologique, historique, biographique et géographique fondue alphabétiquement avec la partie française; 8ᵉ édition. 1 vol. grand in-16, cartonné. 2 fr. 50

Marais. *Recueil de compositions françaises*. Lettres, récits, discours, dissertations, sujets et développements, à l'usage des candidats au baccalauréat et à l'école de Saint-Cyr. 1 volume in-16, broché. 1 fr. 50

Merlet, ancien professeur de rhétorique au lycée Louis-le-Grand. *Études littéraires sur les classiques français des classes supérieures et du baccalauréat*, revues, continuées et mises au courant des derniers programmes par M. E. Lintilhac, professeur de rhétorique au lycée Janson-de-Sailly. 2 vol. in-16, brochés. 8 fr.

I. Corneille. — Racine. — Molière. — La Fontaine. — Boileau. 1 vol. 4 fr.

II. Chanson de Roland. — Villehardouin. — Joinville. — Froissart. — Commynes. — Marot. — Ronsard. — J. du Bellay. — D'Aubigné. — M. Régnier. — Montaigne. — Pascal. — Bossuet. — Fénelon. — La Bruyère. — Montesquieu. — Buffon. — Voltaire. — Diderot. — J.-J. Rousseau. — Lettres du xviiᵉ et du xviiiᵉ siècle. — Chateaubriand. — Lamartine. — Victor Hugo. — Michelet. 1 vol. 4 fr.

Morceaux choisis des grands écrivains français du XVIᵉ siècle, accompagnés d'une grammaire et d'un dictionnaire de la langue du xviᵉ siècle, par M. Auguste Brachet, 7ᵉ édit., 1 vol. in-16 cartonné. 3 fr. 50

Pellissier, ancien professeur à Ste-Barbe. *Morceaux choisis des classiques français*, en prose et en vers. Recueils composés à l'usage des classes de grammaire et d'humanités. 6 vol. in-16, cartonnés :

Classe de Sixième, 1 vol.	1 fr.
Classe de Cinquième, 1 vol.	1 fr.
Classe de Quatrième, 1 vol.	1 fr.
Classe de Troisième, 1 vol.	2 fr.
Classe de Seconde, 1 vol.	2 fr.
Classe de Rhétorique, 1 vol.	2 fr.

— *Premiers principes de style et de composition.* (Abrégé de la rhétorique française.) 1 vol. in-16, cartonné. 1 fr. 50

— *Sujets et modèles de composition française*, à l'usage des classes élementaires. 1 vol. in-16, cartonné. 1 fr. 50

— *Principes de rhétorique française.* 1 vol. in-16, cartonné. 2 fr. 50

— *Sujets et modèles de composition fran-*

çaise, à l'usage des classes supérieures et des candidats au baccalauréat. 1 vol in-16, cart. 2 fr. 50

Pellissier (suite). *Les grandes leçons de l'antiquité classique* (Tableau des origines de la civilisation gréco-romaine), avec extraits 1 vol. in-16, broché. 4 fr.

— *Les grandes leçons de l'antiquité chrétienne.* (Tableau des origines de la civilisation moderne.) 1 v. in-16, broché. 5 fr.

Pressard, professeur honoraire au lycée Louis-le-Grand. *Lectures littéraires et morales.* à l'usage des classes élémentaires. 1 vol. petit in-16, cartonné. 1 fr. 25

Quicherat (L.). *Petit traité de versification française.* In-16, cartonné. 1 fr.

Quinet (Edgar). *Pages choisies*, à l'usage des lycées et collèges. 1 vol. in-16, cartonné. 2 fr.

Sommer. *Petit dictionnaire des rimes françaises.* In-18, cart. 1 fr. 80

— *Petit dictionnaire des synonymes français.* 1 vol. in-18, cart. 1 fr. 80

— *Manuel de l'art épistolaire.* 1 vol. gr. in-18, broché. 1 fr. 25

— *Manuel de style*, ou préceptes et exercices sur l'art de composer et d'écrire en français. 1 vol. gr. in-18, broché. 1 fr. 50

Voir *Méthode uniforme pour l'enseignement des langues*, pages 19 et 25.

Soulice (Th.). *Petit dictionnaire de la langue française.* In-18, cart. 1 fr. 50

Soulice et Sardou. *Petit dictionnaire raisonné des difficultés et exceptions de la langue française.* In-18, cart. 2 fr.

Tridon-Péronneau. *Recueil de compositions françaises.* 1 vol. in-16, br. 2 fr

— *Nouveau Recueil de compositions françaises.* 1 vol. in-16, br. 1 fr.

— *Questions de littérature et d'histoire.* 1 vol. in-16, br. 1 fr.

Vapereau, inspecteur général honoraire de l'instruction publique. *Esquisse d'histoire de la littérature française.* 2ᵉ édition. 1 vol. in-16, cart. toile. 1 fr. 50

— *Éléments d'histoire de la littérature française.* 2 vol. in-16, cartonnage toile.

Tome Iᵉʳ : *Des origines au règne de Louis XIII.* 1 vol. 3 fr. 50

Tome II : *Règnes de Louis XIII et de Louis XIV.* 1 vol. 3 fr. 50

4° HISTOIRE, CHRONOLOGIE, MYTHOLOGIE

Berthelot (A.), maître de conférences à l'Ecole des Hautes-Études. *Les grandes scènes de l'histoire grecque*, morceaux choisis des auteurs anciens et modernes. 1 vol. in-16 avec figures, cartonnage toile.   2 fr. 50

Bouillet. *Dictionnaire universel d'histoire et de géographie.* Edition entièrement refondue, par M. Gourraigne, professeur agrégé d'histoire et de géographie. 1 vol. gr. in-8, br.   21 fr.
  La reliure en demi-chagrin, plats en toile, se paye en sus, 4 fr.

Ducoudray, agrégé d'histoire. *Histoire contemporaine, de 1789 à 1895*, à l'usage de la classe de Philosophie. 1 fort vol. in-16, avec cartes, cartonnage toile.   6 fr.

— *Histoire de la civilisation.* 1 fort vol. in-16, broché.   7 fr. 50

Duruy (V.), *Cours d'histoire*, nouvelle édition, refondue conformément au programme du 28 janvier 1890, sous la direction de M. E. Lavisse, professeur à la Faculté des lettres de Paris. 6 vol. in-16, avec gravures et cartes, cartonnage toile :

Classe de Sixième. *Histoire de l'Orient*, par M. Moret. 1 vol.   3 fr.

Classe de Cinquième . *Histoire grecque*, par M. Haussoullier 1 vol.   3 fr. 50

Classe de Quatrième : *Histoire romaine*, par M. Parmentier. 1 vol.   4 fr.

Classe de Troisième : *Histoire de l'Europe et de la France jusqu'en* 1270, par M. Parmentier. 1 vol.   4 fr. 50

Classe de Seconde : *Histoire de l'Europe et de la France, de* 1270 à 1610, par M. Mariéjol. 1 vol.   5 fr.

Classe de Rhétorique : *Histoire de l'Europe et de la France, de* 1610 à 1789, par M. Lacour-Gayet. 1 vol.   5 fr.

— *Petit cours d'histoire universelle.* Nouvelle édition avec des cartes et des gravures. Format in-16, cartonné :

Petite histoire ancienne.   1 fr.
Petite histoire grecque.   1 fr.
Petite histoire romaine.   1 fr.
Petite histoire du moyen âge.   1 fr.
Petite histoire moderne.   1 fr.

Duruy (suite). *Petite histoire de France.*
  Prix :   1 fr
Petite histoire générale.   1 fr
— *Petite histoire sainte.* In-18, cart. 80 c
— *Histoire des Grecs*, depuis les temps les plus reculés jusqu'à la réduction de la Grèce en province romaine. 2 vol. in-8, brochés.   12 fr
— *Histoire des Romains*, depuis les temps les plus reculés jusqu'à Dioclétien. 7 vol. in-8, brochés.   52 fr. 50

Duruy (G.), professeur à l'Ecole polytechnique. *Biographies d'hommes célèbres*, rédigées conformément au programme de 1885, à l'usage de la classe Préparatoire. 1 vol. in-16, avec gravures, cart.   1 fr

— *Histoire sommaire de la France, depuis l'origine jusqu'à la mort de Louis XI* conforme au programme de 1890, pour la classe de Huitième. 1 vol. in-16, avec cartes et gravures, cartonné.   1 fr

— *Histoire sommaire de la France, depuis la mort de Louis XI jusqu'à 1815*, conforme au programme de 1890, pour la classe de Septième. 1 vol. in-16, avec cartes et gravures, cart.   1 fr. 50
  Les deux parties réunies en un seul vol. cartonné.   2 fr. 50

Extraits des Historiens du XIX° siècle (*Chateaubriand — Guizot — Thiers — Mignet — Michelet — Tocqueville — Quinet — Duruy — Renan — Taine — Fustel de Coulanges*), publiés avec une introduction, des notices et des notes, par M. Camille Jullian, professeur à la Faculté des lettres de Bordeaux. 1 vol. pet. in-16, cart.   3 fr. 50

Fougères, professeur à la Faculté des lettres de Lille. *La vie privée et publique des Grecs et des Romains.* Album contenant 885 gravures d'après les monuments. 1 vol. grand in-4, cart. toile   15 fr.

Fustel de Coulanges. *La cité antique.* 1 vol. in-16, broché.   3 fr. 50

Gasquet, recteur de l'Académie de Nancy. *Précis des institutions politiques et sociales de l'ancienne France.* 2 vol. in-16, br.   8 fr

Geruzez. *Petit cours de mythologie*, nouv. édit. avec 48 grav. In-16, cartonné.   1 fr. 25

Histoire universelle, publiée par une société de professeurs et de savants, sous la direction de M. V. Duruy. Format in-16.
La terre et l'homme, par M. Maury. 6 fr.
Chronologie universelle, par M. Dreyss. 2 vol. 12 fr.
Histoire générale, par M. Duruy. 4 fr.
Histoire sainte d'après la Bible, par M. Duruy. 3 fr.
Histoire ancienne des peuples de l'Orient, par M. Maspero. 6 fr.
Histoire grecque, par M. Duruy. 4 fr.
Histoire romaine, par M. Duruy. 4 fr.
Histoire du moyen âge, par M. Duruy. 4 fr.
Histoire des temps modernes, de 1453 jusqu'à 1789, par M. Duruy. 4 fr.
Histoire de France, par M. Duruy. 2 volumes. 8 fr.
Histoire d'Angleterre, par M. Fleury. 4 fr.
Histoire d'Italie, par M. Zeller. 5 fr.
Histoire de Russie, par M. Rambaud. 6 fr.
Histoire de l'Autriche-Hongrie, par M. Louis Léger. 5 fr.
Histoire de l'empire Ottoman, par M. de la Jonquière. 6 fr.
Histoire de la littérature grecque, par M. Pierron. 4 fr.
Histoire de la littérature romaine, par M. Pierron. 4 fr.
Histoire de la littérature française, par M. Demogeot. 4 fr.
Histoire des littératures étrangères, par M. Demogeot. 2 vol. 8 fr.
Histoire de la littérature anglaise, par M. Augustin Filon. 6 fr.
Histoire de la littérature italienne, par M. Etienne. 4 fr.
Histoire de la physique et de la chimie, par M. Hœfer. 4 fr.
Histoire de la botanique, de la minéralogie et de la géologie, par M. Hœfer. 4 fr.
Histoire de la zoologie, par M. Hœfer. 4 fr.
Histoire de l'astronomie, par M. Hœfer. 4 fr.
Histoire des mathématiques, par M. Hœfer. 4 fr.
Dictionnaire historique des institutions, mœurs et coutumes de la France, par M. Chéruel. 2 vol. 12 fr.

oran, professeur d'histoire au collège Stanislas. *Programme développé d'histoire des temps modernes et d'histoire littéraire,* à l'usage des candidats à l'école spéciale milit. de St-Cyr. 1 v. in-16, cart. 4 fr. 50

ullian (C.), professeur à la Faculté des lettres de Bordeaux. *Gallia.* Tableau sommaire de la Gaule sous la domination romaine. 1 vol. in-16, cart. toile 3 fr.
Ouvrage couronné par l'Académie française.

Lalanne (Ludovic). *Dictionnaire historique de la France.* 1 vol. gr. in-8, br. 21 fr.
Le cartonnage se paye en sus 2 fr. 75.

La Ville de Mirmont (H. de), professeur à la Faculté des lettres de Bordeaux. *Mythologie élémentaire des Grecs et des Romains,* précédée d'un précis des mythologies orientales. 1 vol. in-16 avec 45 figures d'après l'antique, cartonnage toile. 1 fr. 50

Lectures historiques, rédigées conformément au programme du 28 janvier 1890 à l'usage des lycées et collèges. 6 vol. in-16 avec gravures, cart. toile.
Histoire ancienne (Egypte, Assyrie), à l'usage de la classe de Sixième, par M. G. Maspero, membre de l'Institut, 1 vol. 5 fr.
Histoire grecque (Vie privée et vie publique des Grecs), à l'usage de la classe de Cinquième, par M. P. Guiraud, maître de conférences à l'Ecole normale supérieure. 1 vol. 5 fr.
Histoire romaine (Vie privée et vie publique des Romains), à l'usage de la classe de Quatrième, par M. Guiraud, 1 vol. 5 fr.
Histoire du moyen âge, à l'usage de la classe de Troisième, par M. Ch.-V. Langlois, maître de conférences à la Faculté des lettres de Paris. 2e édition refondue. 1 vol. 5 fr
Histoire du moyen âge et des temps modernes, à l'usage de la classe de Seconde, par M. Mariejol, professeur à la Faculté des lettres de Lyon. 1 vol. 5 fr.
Histoire des temps modernes, à l'usage de la classe de Rhétorique, par M. Lacour-Gayet, professeur au lycée Saint-Louis. 1 vol. 5 fr.

Lehugeur (Paul). *Sommaires d'histoire romaine.* 1 vol. in-16, cart. toile. 1 fr. 50

Luchaire, professeur à la Faculté des lettres de Paris. *Manuel des Institutions françaises* (Période des Capétiens directs). 1 vol. in-8, broché. 15 fr.

Maspero, membre de l'Institut. *Histoire de l'Orient* (classe de Sixième). 1 vol. in-16, illust. de 48 gr. et de 6 cart. en couleurs, cart. toile. 2 fr. 50

Van den Berg. *Petite histoire ancienne des peuples de l'Orient.* 1 vol. petit in-16, avec cartes et gravures, cart. toile. 3 fr. 50
— *Petite histoire des Grecs,* 1 vol. petit in-16, avec 19 cartes et 85 gravures, cartonné toile. 4 fr. 50

5° GÉOGRAPHIE

Cortambert. *Atlas.*

Atlas (petit) de géographie ancienne (16 cartes). Gr. in-8, cart.   2 fr. 50

Atlas (petit) de géographie du moyen âge (15 cartes). Gr. in-8 cart.   2 fr. 50

Atlas (petit) de géographie moderne (20 cartes). Gr. in-8, cart.   3 fr. 50

Atlas (petit) de géographie ancienne et moderne (40 cartes). Gr. in-8.   7 fr. 50

Atlas (petit) de géographie ancienne, du moyen âge et moderne (56 cartes). Gr. in-8, cart.   9 fr.

Atlas de géographie moderne (66 cartes in-4), relié en percaline.   12 fr.

Atlas (nouvel) de géographie ancienne, du moyen âge et moderne (100 cartes in-4), relié en percaline.   16 fr.

— *Nouveau Cours complet de géographie,* contenant les matières indiquées par les programmes de 1890, à l'usage des lycées et des collèges. 7 vol. in-16, cart., avec gravures dans le texte, et accompagnés d'atlas in-8 :

Géographie élémentaire des cinq parties du monde (classe de Huitième). 1 volume.   80 c.

Atlas correspondant (23 cartes). 1 volume.   3 fr. 50

Géographie élémentaire de la France (classe de Septième). 1 vol.   1 fr. 20

Atlas correspondant (14 cartes). 1 volume.   2 fr. 50

Géographie générale du monde et du bassin de la Méditerranée (classe de Sixième). 1 vol.   2 fr.

Atlas correspondant (33 cartes). 1 volume.   5 fr.

Géographie de la France (classe de Cinquième). 1 vol.   2 fr. 50

Atlas correspondant (41 cartes). 1 volume.   3 fr. 50

Géographie générale et géographie du continent américain (classe de Quatrième). 1 vol.   2 fr. 50

Atlas pour la classe de Quatrième (30 cartes). 1 vol.   5 fr.

Géographie de l'Afrique, de l'Asie et de l'Océanie (classe de Troisième). 1 vol.   1 fr. 50

Atlas pour la classe de Troisième (32 cartes). 1 vol.   5 fr.

Géographie de l'Europe (classe de Seconde). 1 vol.   2 fr.

Atlas correspondant (22 cartes). 1 vol. Prix :   3 fr. 50

Géographie de la France (classe de Rhétorique). 1 vol.   3 fr. 50

Atlas correspondant (18 cartes). 1 vol. Prix :   3 fr. 50

— *Cours de géographie,* comprenant la description physique et politique, et la géographie historique des diverses contrées du globe. 1 vol. in-16, cart.   4 fr. 25

— *Petit cours de géographie moderne.* 1 vol. in-16, cartonné.   1 fr. 50

Joanne (P.). *Géographies départementales de la France et de l'Algérie.* 88 v. in-16, cart.

> La description de chaque département accompagnée d'une carte et de gravures et suivie d'un dictionnaire alphabétique des communes, se vend séparément. 1 fr.
>
> Le département de la Seine.   1 fr. 50
>
> L'Algérie, 1 vol.   1 fr. 50

Meissas et Michelot. *Atlas et cartes.*

PETITS ATLAS FORMAT IN-8°

A. *Atlas élémentaire de géographie moderne (10 cartes écrites).*   2 fr. 50

B. *Le même, avec 8 cartes muettes (18 cartes), cartonné.*   3 fr. 50

C. *Atlas universel de géographie moderne (17 cartes écrites), cart.*   5 fr.

D. *Le même, avec 8 cartes muettes (25 cartes), cartonné.*   6 fr.

E. *Atlas de géographie ancienne et moderne (36 cartes écrites), cart.*   9 fr.

F. *Le même, avec 8 cartes muettes (44 cartes), cartonné.*   10 fr.

G. *Atlas universel de géographie ancienne, du moyen âge et moderne
et de géographie sacrée* (54 cartes
écrites), cartonné.   14 fr.

H. *Le même*, avec 8 cartes muettes (62
cartes), cartonné.   15 fr.

Atlas de géographie ancienne (19 cartes
écrites), cartonné.   5 fr.

Atlas de géographie du moyen âge
(10 cartes écrites), cart.   3 fr. 50

Atlas de géographie sacrée (8 cartes
écrites), cartonné.   2 fr.

Chacune des cartes écrites séparément.   35 c.

GRANDS ATLAS FORMAT IN-FOLIO.

A. *Atlas élémentaire* (8 cartes écrites). 6 fr.

B. *Le même*, avec 8 cartes muettes (16
cartes), cartonné.   11 fr. 50

C. *Atlas universel* (12 cartes écrites),
cartonné.   10 fr. 50

D. *Le même*, avec 9 cartes muettes (20
cartes), cartonné.   15 fr.

E. *Atlas universel* (19 cartes écrites). 15 fr.

Chaque carte séparément.   1 fr.

GRANDES CARTES MURALES.

Chaque carte murale est accompagnée d'un
questionnaire qui est donné gratuitement
aux acquéreurs de la carte à laquelle il se
réfère. Chaque questionnaire se vend en
outre séparément 30 c.

Les cartes en 16 feuilles ont 1 m. 80 de hauteur sur 2 m. 30 de largeur. Celles en 20 feuilles ont 1 m. 80 de hauteur sur 2 m. 80 de
largeur.

Le collage sur toile, avec gorge et rouleau, se
paye en sus . 1° pour les cartes en 16
feuilles, 12 fr.; 2° pour les cartes en 20 feuilles, 14 fr.

Géographie ancienne.

Empire romain écrit. 16 feuilles.   10 fr.

Géographie moderne.

Afrique écrite. 16 feuilles.   10 fr.

Europe écrite. 16 feuilles.   9 fr.

France, Belgique et Suisse écrites.
16 feuilles.   9 fr.

Mappemonde écrite. 20 feuilles.   12 fr.

Mappemonde muette. 20 feuilles.   10 fr.

— *Nouvelles grandes cartes murales* indi-
quant le relief du terrain, tirées en cou-
leur sur 12 feuilles jésus mesurant 2 mètres de haut sur 2 mètres 10 de large.

Le collage sur toile, avec gorge et rouleau, se
paye en sus. 12 fr.

Europe muette ou *écrite.*   15 fr.
France muette ou *écrite.*   15 fr.

Il existe aussi une collection de *petites cartes
murales*, dont le détail se trouve dans la
Notice des livres élémentaires.

— *Géographie ancienne.* In-16.   2 fr. 50

— *Petite géographie ancienne.* In-18. 1 fr.

— *Géographie sacrée.* In-18, cart. 1 fr. 25

Reclus (Onésime). *Géographie :* la terre à
vol d'oiseau. 2 vol. in-16, brochés. 10 fr.

Schrader, directeur des travaux cartogra-
phiques à la librairie Hachette et Cⁱᵉ.
Atlas de géographie historique. 55 cartes
doubles en couleurs, avec texte au dos.
1 vol. in-folio, relié.   35 fr.

— *Atlas de poche*, contenant 51 cartes
en couleurs, in-16, cart. toile.   3 fr. 50

Schrader et **Gallouédec**, professeur
d'histoire au lycée d'Orléans. *Nouveau
cours de géographie* rédigé conformément aux programmes de 1890 pour l'Enseignement secondaire classique. 6 vol.
in-16, avec gravures, cartes.

    Classe de Sixième. 1 vol.   2 fr. 50
    Classe de Cinquième. 1 vol.   3 fr.
    Classe de Quatrième. 1 vol.   3 fr. 50
    Classe de Troisième. 1 vol.   3 fr. 50
    Classe de Seconde. 1 vol.   3 fr. 50
    Classe de Rhétorique 1 vol.   3 fr. 50

— *Cours général de géographie*, 1 vol.
in-16, cart.   6 fr

Schrader et **Prudent.** *Grandes cartes
murales.* Ces cartes sont imprimées en
couleurs et mesurent 1 mètre 60 sur
1 mètre 90. En vente :

    Amérique du Sud écrite; — France
    politique écrite; — France physique.

Chaque carte en feuilles, 9 fr.; collée sur toile
avec œillets, 15 fr.; collée sur toile avec
gorge et rouleau, 16 fr.

Schrader, **Prudent** et **Anthoine.**
Atlas de géographie moderne, 64 cartes
in-f° imprimées en couleurs et accom-
pagnées d'un texte géographique, statis-
tique et ethnographique, et d'un grand
nombre de cartes de détail, figures, dia-
grammes, etc., relié.   25 fr.

— *Atlas à l'usage de l'enseignement secondaire classique.* Extraits de l'Atlas
de géographie in-folio :

    Classe de Quatrième (16 cartes). 7 fr.
    Classe de Troisième (19 cartes). 7 fr. 50
    Classe de Seconde (18 cartes).   7 fr. 50
    Classe de Rhétorique (11 cartes). 5 fr.

6° PHILOSOPHIE, DROIT, ÉCONOMIE POLITIQUE

AUTEURS FRANÇAIS

Bossuet : *De la connaissance de Dieu et de soi-même: métaphysique*, ou Traité des causes. Édition publiée avec une introduction et des notes par M. de Lens, ancien inspecteur de l'Académie. 1 vol. petit in-16, cart.   1 fr. 60

Condillac. *Traité des sensations*, livre I. Nouvelle édition, annotée par M. Charpentier, professeur de philosophie au lycée Louis-le-Grand. 1 vol. pet. in-16, br. 1 fr. 50

Descartes : *Discours de la méthode; première méditation*. Nouvelle édition classique, annotée par M. Charpentier. 1 vol. petit in-16, cart.   1 fr. 50
— *Les principes de la philosophie*, livre I. Nouvelle édition, annotée par le même auteur. 1 vol. petit in-16, br.   1 fr. 50

Extraits des Moralistes des XVII°, XVIII° et XIX° siècles, publiés avec une introduction, des notices et des notes, par M. R. Thamin, professeur de philosophie au lycée Condorcet. 1 vol.   3 fr.

Fénelon : *Traité de l'existence de Dieu*, précédé d'un Essai sur Fénelon par M. Villemain, avec des notes par M. Danton. 1 vol. in-16, broché.   1 fr. 60

Leibniz : *Extraits de la Théodicée*, publiés et annotés par M. P. Janet, de l'Institut. 1 vol. petit in-16, cart. 2 fr. 50
— *Nouveaux essais sur l'entendement humain*, avant-propos et livre I, publié d'après les meilleurs manuscrits, avec des notes, par M. P. Lachelier, professeur de philosophie au lycée Janson-de-Sailly. 1 vol. petit in-16, cart.   1 fr 75
— *La monadologie*, publiée d'après les manuscrits de la bibliothèque de Hanovre, avec notes, par le même. Pet. in-16 c. 1 fr.

Malebranche : *De la recherche de la vérité*, livre II, annoté par M. R. Thamin, professeur de philosophie au lycée Condorcet. 1 vol. petit in-16. cart.   1 fr. 50

Pascal : *Opuscules philosophiques* publiés par M. Adam, doyen de la Faculté des lettres de Dijon. 1 vol. petit in-16, cart.   1 fr. 50

AUTEURS LATINS

Cicéron : *De natura Deorum*, livre II. Texte latin, annoté par M. Thiaucourt, professeur à la Faculté des lettres de Nancy. 1 vol. petit in-16, cart.   1 fr. 50
Le même ouvrage, trad. franç. de J.-V. Le Clerc, sans le texte. 1 vol. petit in-16, br.   1 fr.
— *De officiis*, libri tres. Texte latin, annoté par M. H. Marchand. 1 v. in-16, cart. 1 fr.
Le même ouvrage, traduction franç. par M. Sommer, sans le texte, 1 vol. in-16 broché.   1 fr. 5

Cicéron (suite). *Extraits des œuvre morales et philosophiques*, texte lati annoté par M. E. Thomas. 1 vol. pet in-16 cart.   2 f

Lucrèce : *De natura rerum*, livre V. Text latin, annoté par MM. Benoist et Lan toine. 1 vol. petit in-16, cart.   90 c
— *De la nature*, traduction française, pa M. Patin. 1 vol. in-16, broché. 3 fr. 5

Sénèque : *Lettres à Lucilius* (les seiz premières). Texte latin, annoté pa M. Aubé, ancien professeur de philosophi au lycée Condorcet. 1 vol. petit in-16 cartonné.   75 c
Le même ouvrage, traduction françai par M. Baillard, sans le texte. 1 vol in-16, broché.   1 fr
— *Œuvres complètes*, traduites en français, avec des notes, par M. J. Baillard 2 vol. in-16, brochés.   7 fr

AUTEURS GRECS

Aristote : *Morale à Nicomaque*, livre VIII et X. Texte grec, annoté par M. Hannequin, professeur au lycée de Lyon. Chaque livre, 1 vol. petit in-16, cart. 1 fr. 50
Le même ouvrage, traduction française di Fr. Thurot, avec une introduction e des notes, par Ch. Thurot. 1 vol. peti in-16, broché.   75 c

Épictète : *Manuel*. Texte grec, publi avec des notes et un vocabulaire, pa M. Thurot. 1 vol. petit in-16, cart. 1 fr
Le même ouvrage, traduction française par M. Fr. Thurot, sans le texte grec 1 vol. petit in-16, broché.   1 fr

Platon : *Gorgias*, texte grec annoté pa M. Sommer. 1 vol. in-16, cart.   1 fr. 50
Le même ouvrage, trad. franç. par M Thurot, sans le texte, 1 vol. petit in-16 broché.   1 fr. 60
— *Phédon*, texte grec annoté par M. Couvreur, 1 vol. petit in-16, cart.   1 fr. 50
Le même ouvrage, trad. franç. par M. Thurot, avec le texte, 1 vol. in-16. 1 fr. 60
— *République*, 6° livre. Texte grec, annoté par M. Aubé. 1 vol. petit in-16, cart. 1 fr. 50
Le même ouvrage, traduction française par M. Aubé. 1 v. petit in-16, br. 1 fr
— *République*, 7° livre. Texte grec, annoté par M. Aubé. Petit in-16, cart.   1 fr. 50
Le même ouvrage, traduction française par M. Aubé. 1 vol. p. in-16, br. 1 fr. 50
— *République*, 8° livre. Texte grec, annoté par M. Aubé. Petit in-16, cart.   1 fr. 50
Le même ouvrage, traduction française par M. Aubé. 1 vol. petit in-16, br. 1 fr

Xénophon : *Mémorables*, livre I. Texte grec, annoté par M. Lebègue. 1 vol. petit in-16, cartonné.   1 fr.

— *Entretiens mémorables de Socrate*, trad. franç. par M. Sommer, sans le texte. 1 vol. petit in-16, br.   1 fr. 75

OUVRAGES DIVERS

Adam, doyen de la Faculté des lettres de Dijon. *Études sur les principaux philosophes*. 1 vol. in-16, broché.   4 fr.

Bouillier, membre de l'Institut. *Du plaisir et de la douleur*. 1 vol. in-16. 3 fr. 50

— *La vraie conscience*. 1 v. in-16, br. 3 f. 50

— *Études familières de psychologie et de morale*. 2 vol. in-16, brochés.   7 fr.
  Chaque volume se vend séparément.

— *Questions de morale pratique*. 1 vol. in-16, broché.   3 fr. 50

Caro, ancien professeur à la Faculté des lettres de Paris. *L'idée de Dieu et ses nouveaux critiques*. 1 vol. in-16, broché.   3 fr. 50

— *Le matérialisme et la science*. 1 volume in-16, broché.   3 fr. 50

— *Études morales sur le temps présent*. 2 vol. in-16, brochés.   7 fr.

— *La philosophie de Gœthe*. In-16. 3 fr. 50

— *Problèmes de morale sociale*. 1 vol. in-16, broché.   3 fr. 50

— *Philosophie et philosophes*. 1 volume in-16.   3 fr. 50

Carrau, ancien maître de conférences à la Faculté des lettres de Paris. *Étude sur la théorie de l'évolution*. In-16, br. 3 fr. 50

Fouillée, membre de l'Institut. *L'idée moderne du droit en Allemagne, en Angleterre et en France*. 1 v. in-16, br. 3 fr. 50

— *La science sociale contemporaine*. 1 vol. in-16, broché.   3 fr. 50

— *La philosophie de Platon*. 4 volumes in-16, brochés.   14 fr.

Franck, membre de l'Institut. *Dictionnaire des sciences philosophiques*. 1 fort vol. grand in-8, broché.   35 fr.
  Le cartonnage se paye en sus 2 fr. 75.

— *Essais de critique philosophique*. 1 vol. in-16, broché.   3 fr. 50

Jacques, Jules Simon et Saisset. *Manuel de philosophie*. 1 vol. in-8. 8 fr.

Joly, professeur à la Faculté des lettres de Paris. *Psychologie comparée : l'homme et l'animal*. 1 vol. in-16, br. 3 fr. 50

— *Psychologie des grands hommes*. 1 vol. in-16, broché.   3 fr. 50

— *Le socialisme chrétien*. 1 vol. in-16, broché.   3 fr. 50

Jouffroy (Th.). *Cours de droit naturel*. 2 vol. in-16, brochés.   7 fr.

— *Mélanges philosophiques*. 1 volume in-16, broché.   3 fr. 50

Jouffroy (suite). *Nouveaux mélanges philosophiques*. 1 vol, in-16, br. 3 fr. 50

Jourdain (C.). *Notions de philosophie*, comprenant des *notions d'économie politique*. 18e édition, refondue. 1 vol. in-16, broché.   5 fr.

Lalande. *Lectures sur la philosophie des sciences*, in-16, cart. toile. 3 fr. 50

Le Roy (Albert). *Sujets et développements de compositions françaises (dissertations philosophiques)* données à la Sorbonne, de 1866 à 1883. In-8, br. 5 fr.

Rabier (E.), directeur de l'enseignement secondaire. *Leçons de philosophie*. 2 vol. in-8, br. :
  Tome 1er. *Psychologie*. In-8. 7 fr. 50
  Ouvrage couronné par l'Institut.
  Tome II. *Logique*. 1 vol.   5 fr.

Ravaisson. *La philosophie en France au XIXe siècle*. 1 vol. in-8, broché. 7 fr. 50

Simon (Jules) *La religion naturelle*. 1 vol. in-16, broché.   3 fr. 50

— *Le devoir*. 1 vol. in-16, br.   3 fr. 50

— *La liberté civile*. 1 vol. in-16. 3 fr. 50

— *La liberté politique*. In-16.   3 fr. 50

— *La liberté de conscience*. In-16. 3 fr. 50

— *L'école*. 1 vol. in-16, br.   3 fr. 50

— *L'ouvrière*. 1 vol. in-16, br.   3 fr. 50

Taine. *Les philosophes classiques du XIXe siècle en France*. In-16, br. 3 fr. 50

— *De l'intelligence*. 2 vol. in-16, br. 7 fr.

Tridon-Péronneau. *Recueil de dissertations philosophiques*. 1 v. in-16, br. 4 fr.

— *Nouveau recueil de dissertations philosophiques*. 1 vol. in-16, broché.   2 fr.

Vacherot (E.), membre de l'Institut. *Le nouveau spiritualisme*. 1 v. in-8. 7 fr. 50

Worms (R.), agrégé de philosophie : *Précis de philosophie*, rédigé conformément aux programmes officiels pour la classe de philosophie, d'après les *Leçons de philosophie* de M. Rabier, 1 vol. in-16, br. 4 fr.

— *Éléments de philosophie scientifique et de philosophie morale*, à l'usage des candidats aux Baccalauréats classique et moderne, 1 vol. in-16, br.   1 fr. 50

— *La morale de Spinoza*. 1 v. in-16. 3 f. 50
  Ouvrage couronné par l'Institut.

Zeller, *La philosophie des Grecs*, traduite de l'allemand, par M. E. Boutroux, maître de conférences à l'École normale supérieure, et par ses collaborateurs :
  Tomes I et II. *La philosophie des Grecs avant Socrate*, par M. Boutroux. 2 vol. in-8, br. (Tome Ier épuisé.)
  Tome II.   10 fr.
  Tome III. *Socrate et les socratiques*, par M. Belot. 1 vol. in-8, br. 10 fr.

7° SCIENCES ET ARTS

§ 1. *Arithmétique et applications diverses.*

Bertrand (Joseph). *Traité d'arithmétique.* 1 vol. in-8, broché.   4 fr.

Cahen (Eug.), professeur au lycée Condorcet. *Cours d'arithmétique* à l'usage des candidats au baccalauréat. 1 vol. in-16, cart.   2 fr.

Degranges (Edmond). *Arithmétique commerciale et pratique.* In-8, broché. 5 fr.

— *La tenue des livres.* In-8, broché.   5 fr.

Dumesnil (C.). Tableaux métriques de logarithmes :

Instruction, notes et problèmes divers. Arithmétique, change, intérêts composés et annuités, in-8, broché.   1 fr. 30

Atlas élémentaire, in-4 tiré en 2 couleurs,   1 fr. 50

Tableau à cinq décimales pour les nombres de 1 à 10000, en noir. In-8, broché, 75 c.

Tableau complet à cinq décimales, in-4 tiré en 2 couleurs,   1 fr. 50

Dupuis. *Tables de logarithmes* à sept décimales, d'après Callet, Véga, Bremiker, etc. 1 vol. gr. in-8, cart. toile. 10 fr.

— *Tables de logarithmes* à cinq décimales, d'après de Lalande. 1 vol. grand in-18, cartonné toile.   2 fr. 50

Dupuis (suite). *Tables de logarithmes* quatre décimales. 1 vol. petit in-16, cartonné.   75 c.

Hoefer. *Histoire des mathématiques.* 1 v. in-16, broché.   4 fr.

Mondiet et **Thabourin.** *Cours élémentaire d'arithmétique.* 1 v. in-8, br. 3 fr. 50

Pichot, censeur honoraire du lycée Condorcet. *Arithmétique,* à l'usage des classes de Septième, Sixième et Cinquième. In-16, cart.   2 fr. 50

— *Arithmétique élémentaire,* à l'usage des classes de lettres. 1 vol. in-16, cart. 2 fr.

— *Éléments d'arithmétique* à l'usage de la classe de mathématiques élémentaires. 1 vol. in-8, broché.   3 fr.

Sonnet. *Problèmes et exercices d'arithmétique et d'algèbre.* 2 vol. in-8, br. 5 fr.

— *Dictionnaire des mathématiques appliquées.* 1 vol. grand in-8, broché. 30 fr.

Le cartonnage se paye en sus 2 fr. 75.

Tombeck. *Traité d'arithmétique.* 1 vol in-8, broché.   4 fr.

§ 2. *Géométrie; Arpentage; Dessin.*

Bécourt, professeur au lycée Condorcet, et **Pillet,** inspecteur de l'enseignement du dessin. *Le dessin technique,* cours professionnel de dessin géométrique, 60 cahiers in-4° oblong, chaque cahier. 1 fr.

En vente 22 cahiers.

— *Exercices gradués de dessin topographique* à l'usage des candidats à l'École de Saint-Cyr, album oblong de 15 planches et texte, avec carnet de papier quadrillé. (*Voir* § 3, *ci-dessous.*)   4 fr.

Bos, anc. inspecteur d'Académie. *Géométrie élémentaire,* conforme aux programmes de 1890, à l'usage des classes de lettres. 1 vol. in-16, cart.   2 fr.

Bos et **Rebière.** *Éléments de géométrie,* à l'usage de la classe de mathématiques élémentaires. 1 vol. in-8, broché. 7 fr.

Bougueret, professeur de dessin au lycée Saint-Louis. *Cours de dessin et notions*

de géométrie, à l'usage des classes élémentaires de dessin. 50 planches in-4. 7 fr. 50

On vend séparément :

Dessin et géométrie des figures planes. 23 planches.   3 fr.

Dessin et géométrie des solides, 12 planches.   1 fr. 75

Constructions géométriques et lavis. 15 planches.   2 fr. 25

Briot et **Vacquant.** *Arpentage, levé des plans, nivellement.* 1 vol. in-16, avec des figures et des planches, broché.   3 fr.

— *Éléments de géométrie: Application.* In-8, avec figures.   3 fr. 50

Sonnet. *Géométrie théorique et pratique.* 2 vol. in-8, texte et planches, br.   6 fr.

Tombeck. *Traité de géométrie élémentaire.* 1 vol. in-8, broché.   5 fr.

— *Précis de levé des plans, d'arpentage et de nivellement.* In-8, broché.   1 fr. 50

§ 3. *Algèbre; Géométrie analytique; Géométrie descriptive; Trigonométrie.*

Bécourt. *Choix d'épures de géométrie descriptive et de géométrie cotée,* à l'usage des candidats à l'École de Saint-Cyr, à l'École navale, à l'Institut agronomique et des élèves de la classe de mathématiques élémentaires. In-4, cartonné.   6 fr.

Bertrand (Joseph), membre de l'Institut. *Traité d'algèbre :*

1re *partie,* à l'usage des classes de Mathématiques élémentaires. In-8, br. 5 fr.

2e *partie,* à l'usage des classes de Mathématiques spéciales. 1 vol. in-8, br. 5 fr.

Bos. *Éléments d'algèbre*, à l'usage de la classe de Mathématiques élémentaires et des candidats au baccalauréat. 1 vol. in-8, broché.   7 fr.

Briot et Vacquant. *Éléments de géométrie descriptive*, à l'usage des classes de Mathématiques élémentaires et des candidats au baccalauréat. 1 vol. in-8, avec figures, broché.   3 fr. 50

Dessenon. *Éléments de géométrie analytique*, 2ᵉ édition, à l'usage des candidats aux écoles navale et centrale et des élèves de première année de la classe de Mathématiques spéciales. 1 vol. in-8, avec figures, broché.   7 fr. 50

Kiæs. *Traité élémentaire de géométrie descriptive* :

1ʳᵉ *partie*, à l'usage des classes de Mathématiques élémentaires et des candidats au baccalauréat. 1 vol. in-8 de texte et 1 vol. in-8 de planches, brochés.   7 fr.

2ᵉ *partie*, à l'usage des classes de Mathématiques spéciales et des candidats aux Écoles normale supérieure, polytechnique et centrale. 1 vol. in-8 de texte et 1 vol. in-8 de planches, brochés.   10 fr.

Launay, professeur au lycée Saint-Louis. *Éléments d'algèbre*, conformes aux programmes de 1890, à l'usage des classes de lettres. 1 vol. in-16, avec figures, car-

tonnage toile.   3 fr.

— *Compléments d'algèbre* à l'usage des candidats aux différentes écoles du gouvernement. 1 vol. in-8, broché   7 fr. 50

Pichot. *Algèbre élémentaire*, à l'usage des classes de lettres. 7ᵉ édition, revue par M. Ducatel, professeur au lycée Condorcet. 1 vol. in-16, cart.   3 fr.

— *Éléments de trigonométrie rectiligne*, à l'usage de la classe de Mathématiques élémentaires 1 vol. in-8, broché.   3 fr. 50

Pichot et de Batz de Trenquelléon. *Géométrie descriptive*, à l'usage des candidats au baccalauréat. 1 vol. in-8, avec figures, broché.   3 fr.

— *Complément de géométrie descriptive*, 1 vol. in-8, avec figures, broché.   3 fr. 50

Sonnet. *Premiers éléments de calcul infinitésimal.* 5ᵉ édit. 1 vol. in-8, br.   6 fr.

Sonnet et Frontera. *Éléments de géométrie analytique*, rédigés conformément au dernier programme d'admission à l'École normale supérieure. In-8, br.   8 fr.

Tombeck. *Traité élémentaire d'algèbre*, à l'usage des classes de Mathématiques élémentaires. 1 vol. in-8, broché.   4 fr.

— *Cours de trigonométrie rectiligne.* 1 vol. in-8, broché.   2 fr. 50

— *Traité élémentaire de géométrie descriptive.* 1 vol. in-8, broché.   2 fr. 50

§ 4. Mécanique.

Collignon, inspecteur de l'École des ponts et chaussées. *Traité de mécanique.* 5 vol. in-8, avec figures, brochés.   37 fr. 50

1ʳᵉ partie, *Cinématique.* 1 vol.   7 fr. 50

2ᵉ partie, *Statique.* 1 vol.   7 fr. 50

3ᵉ partie, *Dynamique.* Liv. I à IV. 7 fr. 50

4ᵉ partie, *Dynamique.* Livres V à VII, 1 volume.   7 fr. 50

5ᵉ partie, *Compléments.* 1 vol.   7 fr. 50

Maneuvrier, docteur ès sciences. *Traité de mécanique rationnelle et appliquée.* 1 vol. in-16, cart.   4 fr.

Mascart, professeur au Collège de France. *Éléments de mécanique*, rédigés conformément au programme de l'enseignement scientifique dans les lycées. In-8, broché.   3 fr.

Mondiet et Thabourin : *Cours élémentaire de mécanique*, avec des énoncés et des problèmes, à l'usage de la classe de Mathématiques élémentaires. 3 vol. in-8, avec figures, brochés :

Tome I. *Principes* ; 6ᵉ édit.

1ᵉʳ fascicule. *Statique.* 1 vol.   2 fr. 50

2ᵉ fascicule. *Cinématique.* 1 v. 2 fr. 50

Tome II. *Mécanismes.* 1 vol.   3 fr.

Tome III. *Moteurs.* 1 vol.   6 fr.

— *Problèmes élémentaires de mécanique.* 1 vol. in-8, broché.   5 fr.

Pichot et de Batz de Trenquelléon. *Éléments de mécanique*, à l'usage de la classe de Mathématiques élémentaires. 1 vol. in-8, avec figures, broché.   3 fr. 50

Tombeck. *Notions de mécanique*, à l'usage des élèves des lycées. 1 vol. in-8. 2 fr.

§ 5. Cosmographie.

Guillemin (Am.). *Éléments de Cosmographie*, conformes au programme de 1890, à l'usage de la classe de Rhétorique. In-16, avec fig., cartonnage toile.   3 fr.

Pichot. *Traité élémentaire de cosmographie*, à l'usage de la classe de Mathématiques élémentaires. 1 vol. in-8, avec

207 figures et 2 planches, broché.   6 fr.

— *Cosmographie élémentaire*, contenant les matières du programme de 1890, à l'usage de la classe de Rhétorique. 1 vol. in-16, avec 147 fig., cart. toile.   2 fr. 50

Tombeck. *Cours de cosmographie.* 1 vol. in-8, avec figures, broché.   3 fr. 50

§ 6. *Physique; Chimie.*

Angot, ancien professeur de physique au lycée Condorcet. *Éléments de physique*, contenant les matières indiquées par les programmes de 1890, à l'usage des classes de Troisième et Philosophie. 1 vol. in-16 avec 447 figures, cartonné.   5 fr.
— *Traité de physique élémentaire*, à l'usage des classes de mathématiques élémentaires et des candidats à l'École polytechnique. 1 vol. in-8, broché.   8 fr.
Cartonné toile.   9 fr.

Bauet-Rivet, professeur au lycée Michelet. *Cours de physique*, à l'usage des candidats à l'École spéciale militaire de Saint-Cyr, 1 vol. in-16, avec figures, broché.   5 fr.
— *Problèmes de physique et de chimie*, à l'usage des candidats aux divers baccalauréats. 1 vol. in-16, broché.   3 fr.

Ganot. *Traité élémentaire de physique*; 21° édit., refondue et complétée par M. Maneuvrier, docteur ès sciences, agrégé des sciences physiques. 1 fort vol. in-16, avec 1025 fig., broché.   8 fr.
Cartonné toile.   8 fr. 50
— *Cours de physique purement expérimental et sans mathématiques*; 9° édition, complètement refondue et rédigée à nouveau, par M. Maneuvrier. 1 vol. in-16, avec 569 fig., broché.   6 fr.
Cartonné toile.   6 fr. 50

Gay, professeur de physique au lycée Louis-le-Grand ; *Lectures scientifiques* (physique, chimie), rédigées conformément aux programmes du 28 janvier 1890. 1 fort vol. in-16, avec fig., cartonnage toile. 5 fr.

Gossin, proviseur honoraire du lycée de Lyon. *Cours de physique*, 3° édition conforme aux programmes de 1892, à l'usage de la classe de philosophie. 1 vol. in-16, avec figures, cartonnage toile.   4 fr.

Joly, professeur à la Faculté des sciences de Paris. *Éléments de chimie*, notation atomique, conformes aux programmes de 1890, à l'usage de la classe de Philosophie. 1 vol. in-16, avec fig., cartonnage toile.   3 fr.
— *Cours élémentaire de chimie*, notation atomique, à l'usage des candidats aux baccalauréats classique et moderne, aux Écoles du Gouvernement et à la licence physique. 3 vol. in-16, cartonnage toile.
   Chimie générale, métalloïdes. Notions sur les métaux et les matières organiques, 3° édition, 1 vol.   5 fr. 50
   Métaux et chimie organique, 2° édition, 1 vol.   5 fr. 50
   Manipulations chimiques, 1 vol. 3 fr.
— *Précis de chimie*, à l'usage de l'enseignement moderne, 1 vol. in-16, cartonné.   3 fr.

§ 7. *Histoire naturelle.*

Gervais. *Éléments de zoologie*, comprenant l'anatomie, la physiologie, la classification et l'histoire naturelle des animaux; 4° édit. 1 v. in-8, avec 604 figures et 3 planches, broché.   9 fr.

Leclerc du Sablon, professeur à la Faculté des sciences de Toulouse. *Lectures scientifiques sur l'histoire naturelle*, 1 vol. in-16, cartonnage toile.   5 fr.

Mangin, professeur au lycée Louis-le-Grand. *Cours élémentaire de botanique*, conforme aux programmes de 1890, à l'usage de la classe de Cinquième. 1 vol. in-16, avec 446 fig., cartonnage toile. 3 fr. 50
— *Anatomie et physiologie végétales*, conformes au programme de 1890, à l'usage de la classe de Philosophie. 1 vol. in-16, avec fig., cart. toile.   5 fr.
— *Éléments d'hygiène*, rédigés conformément aux programmes de 1890 et de 1891, à l'usage de la classe de Rhétorique. 1 vol. in-16 avec gravures, cartonnage toile. 3 fr.

Perrier, professeur au Muséum d'histoire naturelle de Paris. *Éléments de zoologie*, conformes aux programmes de 1890, à l'usage de la classe de Sixième. 1 volume in-16, avec 328 fig., cart. toile.   3 fr.
— *Anatomie et physiologie animales*, contenant les matières indiquées par le programme de 1890, à l'usage de la classe de Philosophie. 1 vol. in-8 avec 328 figures, broché.   8 fr.

Retterer, professeur agrégé à la Faculté de Médecine de Paris : *Anatomie et physiologie animales*, ouvrage rédigé conformément aux programmes de l'enseignement secondaire classique et moderne. Classes de Philosophie et de Première. 1 vol. in-16, avec fig., cart. toile.   6 fr.

Seignette, professeur au lycée Condorcet. *Cours élémentaire de géologie*, conforme aux programmes de 1890, à l'usage de la classe de Cinquième. 1 vol. in-16, avec figures, cartonnage toile.   2 fr. 50

8° ÉTUDE DE LA LANGUE LATINE

Anthologie des poètes latins (à l'exclusion des ouvrages compris dans les programmes), (*Silius, Stace, Ausone, Claudien,* — *Perse, Juvénal, Martial,* — *Catulle, Tibulle, Properce, Ovide*), publiée et annotée par M. A. Waltz, professeur à la Faculté des lettres de Bordeaux. 1 vol. petit in 16, cart. 2 fr.

Asselin. *Compositions françaises et latines,* à l'usage des lycées, des collèges. 1 vol. in-8, broché. 6 fr.

Auteurs latins (les) expliqués d'après une méthode nouvelle par deux traductions françaises, l'une littérale et *juxtalinéaire,* présentant le mot à mot français en regard des mots latins correspondants ; l'autre correcte et précédée du texte latin ; par une société de professeurs et de latinistes. Format in-16, broché :

Cette collection comprend les principaux auteurs qu'on explique dans les classes.

César : Guerre des Gaules, 2 vol. 9 fr.
Chaque volume se vend séparément.
— Guerre civile, livre I. 2 fr. 25
Cicéron : Brutus. 4 fr.
— Catilinaires (les quatre). 2 fr.
— Des lois, livre I. 1 fr. 50
— Des devoirs. 6 fr.
— Dialogue sur l'amitié. 1 fr. 25
— Dialogue sur la vieillesse. 1 fr. 25
— Discours pour la loi Manilia. 1 fr. 50
— Discours pour Ligarius. 75 c.
— Discours pour Marcellus. 75 c.
— Discours sur les statues. 3 fr.
— Discours sur les supplices. 3 fr.
— Seconde philippique. 2 fr.
— Plaidoyer pour Archias. 90 c.
— Plaidoyer pour Milon. 1 fr. 50
— Plaidoyer pour Muréna. 2 fr. 50
— Songe de Scipion. 75 c.
Cornelius Nepos. 5 fr.
Epitome historiæ græcæ. 3 fr. 50
Heuzet : Histoires choisies des écrivains profanes, 2 vol. 6 fr.
Horace : Art poétique. 75 c.
— Epîtres. 2 fr.
— Odes et Épodes. 2 vol. 4 fr. 50
Les livres I et II des Odes. 2 fr.
Les livres III et IV des Odes et les Épodes. 2 fr. 50
— Satires. 2 fr.
Justin : Histoires philippiques. 2 v. 12 fr.
Chaque volume séparément. 6 fr.
Lhomond : Abrégé de l'histoire sainte. 3 fr.
— Sur les hommes illustres de la ville de Rome. 4 fr. 50
Lucrèce : Morceaux choisis de M. Poyard. Prix : 3 fr. 50
Ovide : Choix des métamorphoses. 6 fr.

Phèdre : Fables. 2 fr.
Plaute : L'Aululaire. 1 fr. 75
Quinte-Curce : Histoire d'Alexandre le Grand, 2 vol. 12 fr.
Chaque volume se vend séparément. 6 fr.
Salluste : Catilina. 1 fr. 50
— Jugurtha. 3 fr. 50
Sénèque : De la vie heureuse. 1 fr. 50
Tacite : Annales, 4 vol. 18 fr.
Chaque volume se vend séparément.
— Germanie (la). 1 fr.
— Histoires. Livres I et II. 5 fr.
— Vie d'Agricola. 1 fr. 75
Térence : Adelphes. 2 fr.
— Andrienne. 2 fr. 50
Tite-Live. Livres XXI et XXII. 5 fr.
— Livres XXIII, XXIV et XXV. 7 fr. 50
Virgile : Bucoliques (les). 1 fr.
— Géorgiques (les). 2 fr.
— Énéide : 4 volumes. 16 fr.
Chaque volume séparément. 4 fr.
Chaque livre séparément. 1 fr. 50

Bloume. *Une première année de latin;* 8e édition. 1 vol. in-16, cartonne. 2 fr.

Bouché-Leclercq : *Manuel des institutions romaines.* 1 vol. gr. in-8, br. 15 fr.

Bréal, professeur de grammaire comparée au Collège de France, et **Person (Léonce),** ancien professeur au lycée Condorcet. *Grammaire latine élémentaire,* 1 v. in-16, cartonnage toile. 2 fr.
— *Grammaire latine,* cours élémentaire et moyen. 1 volume in-16, cartonnage toile. Prix. 2 fr. 50
— *Exercices.* Voyez *Pressard.*

Bréal et Bailly, professeur honoraire au lycée d'Orléans. *Leçons de mots :* les mots latins groupés d'après le sens et l'étymologie :
Cours élémentaire, à l'usage de la classe de Sixième. In-16 cart. 1 fr. 25
Exercices sur le Cours élémentaire. Voyez *Person.*
Cours intermédiaire, à l'usage des classes de Cinquième et de Quatrième. 1 vol. in-16, cartonné. 2 fr. 50
Cours supérieur. Dictionnaire étymologique latin. 1 vol. in-8, cart. 7 fr. 50

Chassang, ancien inspecteur général de l'instruction publique. *Modèles de composition latine,* avec des arguments, des notes et des préceptes sur chaque genre de composition. 1 vol. in-16, cart. 2 fr.

Chatelain, chargé de cours à la Faculté des lettres de Paris. *Lexique latin-français,* rédigé conformément au décret du 19 juin 1880, à l'usage des candidats au baccalauréat; nouvelle édition. 1 vol. in-16, cart. 6 fr.
Reconnu conforme à la note officielle du 29 janvier 1881.

Classiques latins; nouvelle collection, format petit in-16, publiée avec des notices, des arguments analytiques et des notes en français.

> Ces éditions se recommandent par la pureté du texte, la concision des notes, la commodité du format, l'élégance et la solidité du cartonnage.

Anthologie des poètes latins(Waltz). 2 fr.

César: Commentaires (Benoist et Dosson). 1 vol.   2 fr. 50

Cicéron : Extraits des discours (F. Ragon).   2 fr. 50
— Morceaux choisis tirés des traités de rhétorique (E. Thomas).   2 fr. 50
— Extraits des œuvres morales et philosophiques (E. Thomas).   2 fr.
— Choix de lettres (V. Cucheval).   2 fr.
— De amicitia (E. Charles).   75 c.
— De finibus bonorum et malorum, libri I et II (E. Charles).   1 fr. 50
— De legibus, livre I (Lucien Lévy).   75 c.
— De natura Deorum (Thiaucourt). 1 fr. 50
— De republica (E. Charles).   1 fr. 50
— De signis (E. Thomas).   1 fr. 50
— De senectute (E. Charles).   75 c.
— De suppliciis (E. Thomas).   1 fr. 50
— In M. Antonium oratio philippica secunda (Gantrelle).   1 fr.
— In Catilinam orationes (Noël).   75 c.
— Orator (C. Aubert).   1 fr.
— Pro Archia poeta (E. Thomas).   60 c.
— Pro lege Manilia (Noël).   60 c.
— Pro Ligario (Noël).   30 c.
— Pro Marcello (Noël).   30 c.
— Pro Milone (Monet).   90 c.
— Pro Murena (Noël).   75 c.
— Somnium Scipionis (V. Cucheval). 30 c.

Cornelius Nepos (Monginot).   90 c.

Élégiaques romains (Waltz).   1 fr. 80

Epitome historiæ græcæ (Julien Girard).   1 fr. 50

Heuzet : Selectæ e profanis scriptoribus historiæ. Edition simplifiée (Leconte). Prix.   1 fr. 80

Horace: De arte poetica (M. Albert). 60 c.

Jouvency : Appendix de diis et heroibus (Edeline).   70 c.

Lhomond : De viris illustribus urbis Romæ (L. Duval).   1 fr. 50
— Epitome historiæ sacræ (Pressard). 75 c.

Lucrèce : De rerum natura liber I (Benoist et Lantoine).   90 c.
— De rerum natura, livre V (Benoist et Lantoine).   90 c.
— Morceaux choisis (Poyard).   1 fr. 50

Narrationes (Riemann et Uri).   2 fr. 50

Ovide : Morceaux choisis des métamorphoses (Armengaud).   1 fr. 80

Pages et pensées morales extraites des auteurs latins (Desjardins).   » »

Pères de l'Eglise latine : Morceaux choisis (Nourrisson).   2 fr. 25

Phèdre : Fables (Havet).   1 fr. 80

Plaute : L'aululaire (Benoist).   80 c.
— Morceaux choisis (Benoist).   2 fr.

Pline le Jeune : Choix de lettres (Waltz). Prix.   1 fr. 80

Quinte-Curce (Dosson et Pichon). 2 fr. 25

Quintilien : De institutione oratoria (Dosson).   1 fr. 50

Salluste (Lallier).   1 fr. 80

Sénèque : De vita beata (Delaunay). 75 c.
— Lettres à Lucilius, I à XVI (Aubé). 75 c.
— Extraits (P. Thomas),   1 fr. 80

Tacite : Annales (Jacob).   2 fr. 50
— Annales, liv. I, II et III (Jacob). 1 fr. 50
— Dialogue des Orateurs (Goelzer). 1 r.
— Hist., livres I et II (Goelzer).   1 fr. 80
— Histoires (Goelzer).   » »
— Vie d'Agricola (Jacob).   75 c.

Térence : Adelphes (Psichari).   80 c.

Théâtre latin (Ramain).   2 fr. 50

Tite-Live (Riemann et Benoist).
Livres XXI et XXII. 1 vol.   2 fr.
Livres XXIII, XXIV et XXV. 1 vol. 2 fr. 50
Livres XXVI à XXX. 1 vol.   3 fr. »

Virgile (Benoist et Duvau).   2 fr. 25

Classiques latins, format in-16. Editions publiées avec des notes en français, par les auteurs dont les noms sont indiqués entre parenthèses.

Cicero : De officiis (H. Marchand).   1 fr.
— De oratore (Bétolaud).   1 fr. 50
— Tusculanarum quæstionum libri V (Jourdain).   1 fr. 50

Horatius : Opera (Sommer).   2 fr.

Justinus : Historiæ philippicæ (Pessonneaux).   1 fr. 50

Narrationes selectæ e scriptoribus latinis (Chassang).   2 fr. 25

Pline l'Ancien : Morceaux extraits de l'Histoire naturelle (Chassang). 1 fr. 50

Pline le Jeune : Panégyrique de Trajan (Bétolaud).   75 c.

Sénèque : Choix de lettres morales à Lucilius (Sommer).   1 fr. 25

Voir ci-dessus *Classiques latins* (nouvelle collection, format petit in-16).

Comte (Ch.), professeur agrégé au lycée Carnot. *Exercices latins à l'usage des commencants.* Recueil de versions et de thèmes écrits ou oraux sur l'Abrégé de Grammaire latine de M. L. Havet, avec un vocabulaire. 1 v. in-16, cart. toile. 2 fr. 50

Comte (Ch.) (suite), *Recueil de textes latins, faciles et gradués.* 1 vol. in- 16, cartonne. » »

Contiones latinæ. Discours tirés de César, Salluste, Tite-Live, Tacite, Ammien Marcellin et fragments de discours originaux publiés et annotés par M. P. Guiraud, professeur à la Faculté des lettres de Paris. 1 vol. in-16, cartonnage toile. 2 fr. 50

Éditions à l'usage des professeurs. Textes latins publiés d'après les travaux les plus récents de la philologie, avec des commentaires critiques et explicatifs, des introductions et des notices. Format grand in-8, broché. En vente :

Cicéron : Discours pour le poète Archias, par M. Emile Thomas, professeur à la Faculté des lettres de Lille. 1 vol. 2 fr. 50
— De suppliciis, par M. E. Thomas. 1 vol. Prix. 4 fr.
— De signis, par M. E. Thomas, 1 vol. 4 fr.
— Divinatio in Q. Cæcilium, par M. E. Thomas, 1 vol. 2 fr. 50
— Verrines. Divinatio in Q. Cæcilium et actionis secundæ, Libri IV et V, De signis et De Suppliciis, par M. E. Thomas. 1 vol. 8 fr.
— Brutus, par M. J. Martha, maître de conférences à l'Ecole normale supérieure. 1 vol. 6 fr.
Cornelius Nepos, par M. Monginot, professeur au lycée Condorcet. 1 vol. 6 fr.
Horace : L'Art poétique, par M. M. Albert, prof. au lycée Condorcet. 1 vol. 2 fr. 50
Lucrèce : De la nature des choses, liv. V, par MM. Benoist et Lantoine. 1 vol. 4 fr.
Salluste : Guerre de Jugurtha, par M. Lallier, ancien professeur à la Faculté des lettres de Paris. 1 vol. 4 fr.
— Catilina, par M. Antoine. 1 vol. 6 fr.
Tacite : Annales, par M. Jacob, professeur au lycée Louis-le-Grand. 2 vol. 15 fr.
— Dialogue des orateurs, par M. Gœlzer, maître de conférences à la Faculté des lettres de Paris. 1 vol. 4 fr.
Virgile, par M. Benoist. 3 vol. :
Bucoliques et Géorgiques. 1 vol. 7 fr. 50
Enéide ; 3ᵉ tirage. 2 vol. 15 fr.
Chaque volume séparément 7 fr. 50

Gow (Dᵣ J.) principal du collège de Nottingham, et S. Reinach : *Minerva,* introduction à l'étude des classiques scolaires grecs et latins. Ouvrage adapté aux besoins des écoles françaises. 2ᵉ édit. 1 vol. in-16, cartonnage toile. 3 fr.

Guérard et Molliard, directeurs des études au collège Sainte-Barbe. *Petit dictionnaire latin-français.* 1 vol. in-16, cartonnage toile. 4 fr.

Havet (L.), prof. de philologie latine au Collège de France. *Abrégé de grammaire latine,* à l'usage des classes de grammaire. 1 vol. in-16, cart. toile. 1 fr. 50
— *Exercices.* Voyez *Comte.*

Le Roy. *Sujets et développements de compositions latines.* In-8, br. 3 fr. 50
— *Sujets et développements de compositions* données dans les Facultés de 1860 à 1873, avec des observations de M. Dübner. 2ᵉ édition. 1 vol. in-8, br. 4 fr.

Lhomond. *Éléments de la grammaire latine.* 1 vol. in-16, cartonné. 80 c.

Marais. *Recueil de versions latines* dictées dans les Facultés, depuis 1874 jusqu'en 1881, pour l'examen du baccalauréat ès sciences ; *textes et traductions.* 2 vol. in-8, brochés. 6 fr.
Chaque volume séparément. 3 fr.

Merlet. *Etudes littéraires sur les grands classiques latins,* avec des extraits empruntés aux meilleures traductions. 1 vol. in-16, broché. 4 fr.

Méthode uniforme pour l'enseignement des langues, par E. Sommer.
Abrégé de grammaire latine. In-16, cartonné. 1 fr. 25
Exercices sur l'Abrégé de grammaire latine. 1 vol. in-16, cartonné. 1 fr. 25
Corrigé desdits exercices. In-16. 1 fr. 50
Cours de versions latines extraites du recueil de Jacobs. 1ʳᵉ partie. 1 vol. in-16, cartonné. 1 fr.
Cours de versions latines. 2ᵉ partie. 1 vol. in-16, cartonné. 1 fr.
Cours complet de grammaire latine. 1 vol. in-8, cartonné. 2 fr. 50
Exercices sur le Cours complet de grammaire latine. In-8, cartonné. 2 fr. 50
Voir pages 23 pour la *langue grecque.*

Noël. *Dictionnaire français-latin ;* nouvelle édition revue par M. Pessonneaux, professeur au lycée Henri IV. 1 vol. grand in-8, cartonnage toile. 8 fr.
— *Dictionnaire latin-français ;* nouvelle édition revue par M. Pessonneaux. 1 vol. grand in-8, cartonnage toile. 8 fr.
— *Gradus ad Parnassum,* nouv. édit., revue par M. de Parnajon, profes. au lycée Henri IV. 1 vol. gr. in-8, cart. toile. 8 fr.

Patin. *Etudes sur la poésie latine.* 2 vol. in-16, brochés. 7 fr.

Person (Léonce), ancien professeur au lycée Condorcet : *Exercices de traduction et d'application* (thèmes et versions) sur les mots latins de MM. Bréal et Bailly. Cours élémentaire. 1 vol. in-16, cart. 1 fr.

Pichon (R.), professeur agrégé au lycée Hoche. *Histoire de la littérature latine,* des origines à la fin du Vᵉ siècle après Jésus-Christ. 1 vol. in-16, br. 5 fr. Cart. t. 5 fr. 50

Pierron. *Histoire de la littérature romaine.* 1 vol. in-16, broché. 4 fr.

Pressard, professeur honoraire au lycée Louis-le-Grand : *Premières leçons de latin.* 1 vol. in-16, cartonné.   2 fr. 50

— *Exercices latins,* thèmes, versions, questionnaires et exercices oraux sur la Grammaire latine élémentaire de MM. Bréal et Person. 2 vol.

     1re partie : Exercices sur les déclinaisons, les conjugaisons et les mots invariables. Thèmes et versions sur les éléments de la syntaxe, avec des listes de mots. 1 vol. in-16, cartonnage toile.   2 fr. 50

     2e partie : Exercices sur la syntaxe et exercices généraux avec un vocabulaire. 1 vol. in-16 cartonnage toile.   2 fr. 50

Quicherat (L.). *Dictionnaire français-latin.* Nouvelle édit. refondue par M. Chatelain. Grand in-8, cartonnage toile. 9 fr. 50

— *Thesaurus poeticus linguæ latinæ.* 1 vol. grand in-8, carton. toile.   8 fr. 50

— *Nouvelle prosodie latine.* 1 vol. in-16, cartonné.   1 fr.

— *Traité de versification latine.* 1 vol. in-16, cartonné.   3 fr.

Quicherat et **Daveluy.** *Dictionnaire latin-français.* Nouvelle édition entièrement refondue par M. Chatelain. Grand in-8, cartonnage toile.   9 fr. 50

Sommer. *Lexique français-latin,* à l'usage des classes élémentaires, extrait du dictionnaire français-latin de M. Quicherat ; nouvelle édition revue et complétée par M. Chatelain. 1 vol. in-8, cartonnage toile.   3 fr. 75

— *Lexique latin-français,* à l'usage des classes élémentaires, extrait du Diction-naire latin-français de MM. Quicherat et Daveluy ; nouvelle édition revue et complétée par M. Chatelain. 1 vol. in-8, cartonnage toile.   3 fr. 75

Voir *Méthode uniforme pour l'enseignement des langues,* page 23.

Thurot et **Chatelain.** *Prosodie latine.* 1 vol. in-16, cart.   1 fr. 25

Traductions françaises des chefs-d'œuvre de la littérature latine, sans le texte latin, à 3 fr. 50 le volume, format in-16, broché :

Le nom des traducteurs est indiqué entre parenthèses.

Horace (Jules Janin), 1 vol.

Juvénal et Perse (E. Despois), 1 vol.

Lucrèce (Patin), 1 vol.

Plaute (E. Sommer), 2 vol.

Sénèque (J. Baillard), 2 vol.

Tacite (J.-L. Burnouf), 1 vol.

Tite-Live (Gaucher), 4 vol.

Virgile (Cabaret-Dupaty), 1 vol.

Tridon-Péronneau. *Cours de Versions latines,* 125 textes précédés de notices sur les auteurs, disposés dans un ordre méthodique et accompagné de notes grammaticales, historiques et littéraires, à l'usage des candidats au baccalauréat. Textes latins. 1 vol. in-16, broché.   2 fr.

Le même ouvrage. Traduction française. 1 vol. in-16, broché.   1 fr. 50

Uri (J.). *Recueil de versions latines,* dictées à la Sorbonne et dans les facultés des départements pour les examens du baccalauréat ès lettres, de 1888 à 1893. 2 vol. in-16 ; *textes et traductions,* br.   3 fr.

9° ÉTUDE DE LA LANGUE GRECQUE ANCIENNE

Alexandre (C.). *Dictionnaire grec-français,* suivi d'un *Vocabulaire grec-français des noms propres de la langue grecque,* par A. Pillon. 1 vol. grand in-8, cartonnage toile.   15 fr.

— *Abrégé du dictionnaire grec-français,* par le même auteur. 1 vol. grand in-8, cartonnage toile.   7 fr. 50

Alexandre, Planche et Defauconpret. *Dictionnaire français-grec.* 1 vol. gr. in-8, cartonnage toile.   15 fr.

Auteurs grecs (les) expliqués d'après une méthode nouvelle, par deux traductions françaises, l'une littérale et *juxtalinéaire,* présentant le mot à mot français en regard des mots grecs correspondants, l'autre correcte et précédée du texte grec, avec des sommaires et des notes en français, par une société de professeurs et d'hellénistes. Format in-16.

Cette collection comprend les principaux auteurs qu'on explique dans les classes.

Aristophane : Plutus.   2 fr. 25

— Morceaux choisis de M. Poyard.   6 fr.

Aristote : Morale à Nicomaque, livre VIII. 1 vol.   1 fr. 50

— Morale à Nicomaque, liv. x.   1 fr. 50

— Poétique.   2 fr. 50

Babrius : Fables.   4 fr.

Basile (S.) : De la lecture des auteurs profanes.   1 fr. 25

— Contre les usuriers.   75 c.

— Observe-toi toi-même.   90 c.

Chrysostome (S. Jean) : Homélie en faveur d'Eutrope.   60 c.

— Homélie sur le retour de l'évêque Flavien.   1 fr.

Démosthène : Discours contre la loi de Leptine.   3 fr. 50

— Discours pour Ctésiphon ou sur la couronne.   3 fr. 50

— Harangue sur les prévarications de l'ambassade.   6 fr.

— Les trois Olynthiennes.   1 fr. 50

— Les quatre Philippiques.   2 fr.

Denys d'Halicarnasse : Première lettre
  à Ammée.   1 fr. 25
Eschine : Discours contre Ctésiphon. 4 fr.
Eschyle : Prométhée enchaîné.   3 fr.
— Sept (les) contre Thèbes.   1 fr. 25
— Morceaux choisis de M. Weil.   5 fr.
Ésope : Choix de fables.   1 fr. 25
Euripide : Alceste.   2 fr.
— Electre.   3 fr.
— Hécube.   2 fr.
— Hippolyte.   3 fr. 50
— Iphigénie à Aulis.   3 fr.
— Médée.   3 fr.
Grégoire de Nazianze (S.) : Éloge funè-
  bre de Césaire.   1 fr. 25
— Homélie sur les Machabées.   90 c.
Grégoire de Nysse (S.) : Contre les usu-
  riers.   75 c.
— Eloge funèbre de saint Mélèce.   75 c.
Hérodote : Morceaux choisis.   7 fr. 50
Homère : Iliade. 6 volumes.   20 fr.
  Chaque volume séparément.   5 fr. 50
  Chaque chant séparément.   1 fr.
— Odyssée. 6 vol.   24 fr.
  Chaque volume séparément.   4 fr.
  Chaque chant séparément.   1 fr.
Isocrate : Archidamus.   1 fr. 50
— Conseils à Démonique.   75 c.
— Eloge d'Evagoras.   1 fr.
— Panégyrique d'Athènes.   2 fr. 50
Luc (S.) : Evangile.   3 fr.
Lucien : Dialogues des morts.   2 fr. 25
— Le songe, ou le coq.   1 fr. 50
— De la manière d'écrire l'histoire. 2 fr.
— Extraits.   3 fr. 50
Pères grecs (choix de discours tirés des).
  Prix :   7 fr. 50
Pindare : Isthmiques (les).   2 fr. 50
— Néméennes (les).   3 fr.
— Olympiques (les).   3 fr. 50
— Pythiques (les).   3 fr. 50
Platon : Alcibiade (le 1er).   2 fr. 50
— Apologie de Socrate.   2 fr.
— Criton.   1 fr. 25
— Gorgias.   6 fr.
— Phédon.   5 fr.
— République, livre VI.   2 fr. 50
— République, livre VIII.   2 fr. 50
Plutarque : De la lecture des poètes, 3 fr.
— Sur l'éducation des enfants.   2 fr.
— Vie d'Alexandre.   3 fr.
— Vie d'Aristide.   2 fr.
— Vie de César.   2 fr.
— Vie de Cicéron.   3 fr.
— Vie de Démosthène.   2 fr. 50
— Vie de Marius.   3 fr.
— Vie de Periclès.   3 fr.
— Vie de Pompée.   5 fr.
— Vie de Solon.   3 fr.
— Vie de Sylla.   3 fr.
— Vie de Thémistocle.   2 fr.

Sophocle : Ajax.   2 fr. 50
— Antigone.   2 fr. 25
— Electre.   3 fr.
— Œdipe à Colone.   2 fr.
— Œdipe roi.   1 fr. 50
— Philoctète.   2 fr. 50
— Trachiniennes (les).   2 fr. 50
Théocrite : Œuvres complètes.   7 fr. 50
Thucydide : Guerre du Péloponèse :
  Livre I.   6 fr.
  Livre II.   5 fr.
— Morceaux choisis de M. Croiset.   5 fr.
Xénophon : Anabase (les 7 liv.), 2 v. 12 fr.
  Chaque livre séparément.   2 fr.
— Apologie de Socrate.   60 c.
— Cyropédie, livre I.   1 fr. 25
—   —   livre II.   1 fr. 25
— Economique.   3 fr. 50
— Entretiens mémorables de Socrate (les
  quatre livres).   7 fr. 50
— Extraits des Mémorables.   2 fr. 50
— Extraits de la Cyropédie.   1 fr. 25
— Morceaux choisis de M. de Parnajon.
  Prix :   7 fr. 50

Bailly (A.), correspondant de l'Institut,
professeur honoraire au lycée d'Orléans :
Dictionnaire grec-français, rédigé avec
le concours de M. E. Egger, à l'usage des
Lycées et des Colleges, contenant le vocabulaire complet de la langue grecque
classique; l'etymologie; les noms propres
placés à leur ordre alphabétique; une
liste des racines, etc. 2e édition. 1 vol.
grand in-8 de 2200 pages, cart. toile.   15 fr.
  Voir *Bréal et Bailly.*

Bréal, professeur de grammaire comparée
au Collège de France, et **Bailly** : *Leçons
de mots :* les mots grecs groupés d'après le
sens et l'etymologie. 1 v. in-16, cart. 1 fr. 50
Voy. *Person :* Exerc. de trad. et d'applic.

Classiques grecs, nouvelle collection,
format petit in-16, publiée avec des notices, des arguments analytiques et des
notes en francais.
Ces éditions se recommandent par la pureté du
texte. la concision des notes, la commodité du
format, l'élégance et la solidité du cartonnage.
Aristophane : Morceaux choisis (Poyard.
  professeur au lycée Henri IV).   2 fr.
Aristote : Morale à Nicomaque, livre
  VIII (Lucien Lévy).   1 fr.
— Morale à Nicomaque, livre X (Hanne-
  quin).   1 fr. 50
— Poétique (Egger).   1 fr.
Babrius : Fables (Desrousseaux). 1 fr. 50
Démosthène : Discours de la couronne
  (Weil, membre de l'Institut).   1 fr. 25
— Les trois Olynthiennes (Weil).   60 c.
— Les quatre Philippiques (Weil).   1 fr.
— Sept Philippiques (H. Weil).   1 fr. 50

Denys d'Halicarnasse : Première lettre à Ammée (Weil).   60 c.
Élien : Morceaux (J. Lemaire).   1 fr. 10
Epictète : Manuel (Thurot).   1 fr.
Eschyle : Morceaux choisis (Weil). 1 fr. 60
— Les Perses (Weil).   1 fr.
— Prométhée enchaîné (Weil).   1 fr.
Esope : Choix de fables (Allègre).   1 fr.
Euripide : Théâtre (Weil). Alceste ; — Electre ; — Hécube ; — Hippolyte ; — Iphigénie à Aulis : — Iphigénie en Tauride ; — Médée.Chaque tragédie. 1 fr.
Extraits des orateurs attiques (Bodin).   » »
Hérodote : Morceaux choisis (Tournier). 1 vol.   2 fr.
Homère : Iliade (A. Pierron).   3 fr. 50
Les chants 1, 2, 6, 9, 10, 18, 22 et 24 se vendent séparément, chacun   25 c.
— Odyssée (A. Pierron).   3 fr. 50
Les chants 1, 2, 6, 11, 22 et 23 se vendent séparément, chacun   25 c.
Lucien : De la manière d'écrire l'histoire (Lehugeur).   75 c.
— Dialogues des morts (Tournier et Desrousseaux).   1 fr. 50
— Morceaux choisis des Dialogues des morts, des dieux, etc. (Tournier et Desrousseaux).   » »
— Extraits : Timon d'Athènes. Le songe, etc. (V. Glachant).   1 fr. 80
— Le songe, ou le coq (Desrousseaux). 1 fr.
— Morceaux choisis (Talbot).   2 fr.
Pages et pensées morales extraites des auteurs grecs (Desjardins).   » »
Platon : Criton (Ch. Waddington). 50 c.
— Extraits (Dalmeyda).   2 fr. 50
— Phédon (Couvreur).   1 fr. 50
— République, livre VI (Aubé). 1 fr. 50
— République, livre VII (Aubé). 1 fr. 50
— République, livre VIII (Aubé). 1 fr. 50
— Morceaux choisis (Poyard).   2 fr.
Plutarque : Vie de Cicéron (Graux). 1 fr. 50
— Vie de Démosthène (Graux).   1 fr.
— Vie de Périclès (Jacob).   1 fr. 50
— Extraits suivis des vies parallèles (Bessières).   » »
— Morceaux choisis des biographies (Talbot). 2 vol. :
1° Les Grecs. 1 vol.   2 fr.
2° Les Romains. 1 vol.   2 fr.
— Morceaux choisis des œuvres morales (V. Bétolaud). 1 vol.   2 fr.
Sophocle : Théâtre (Tournier). Ajax ; — Antigone ; — Electre ; — Œdipe à Colone ; — Œdipe roi ; — Philoctète ; — les Trachiniennes. Chaque tragédie.   1 fr.
Le même théâtre, sans notes.   2 fr.
— Morceaux choisis (Tournier).   2 fr.

Théocrite : Idylles et morceaux choisis (Petitjean).   » »
Thucydide : Morceaux choisis (A. Croiset).   2 fr.
Xénophon : Anabase 7 livres (Couvreur) Prix :   3 fr.
— Morceaux choisis (de Parnajon). 2 fr.
— Economique (Graux et Jacob). 1 fr. 50
— Extraits de la Cyropédie (Petitjean). Prix :   1 fr. 50
— Ext. des Mémorables (Jacob). 1 fr. 50
— Mémorables, livre I (Lebègue).   1 fr.

Classiques grecs, format in-16. Editions publiées avec des notes en français.

Aristophane : Plutus (Ducasau).   1 fr.
Basile (S.) : Discours sur la lecture des auteurs profanes (Sommer).   50 c.
— Homélie sur le précepte : Observe-toi toi-même (Sommer).   30 c.
Chrysostome (S. Jean) : Discours sur l'évêque Flavien (Sommer).   40 c.
— Homélie en faveur d'Eutrope (Sommer).   30 c.
Démosthène : Discours contre la loi de Leptine (Stiévenart).   90 c.
Eschyle : Sept contre Thèbes (les) (Materne).   1 fr.
Grégoire (S.) de Nazianze : Homélie sur les Machabées (Sommer).   40 c.
Hérodote : Livre I (Sommer).   1 fr. 50
Isocrate : Archidamus (Leprévost). 50 c.
— Eloge d'Evagoras (Sommer).   50 c.
— Panégyrique d'Athènes (Sommer). 80 c.
Lucien. Nigrinus (C. Leprévost). 40 c.
— Songe (le) ou le Coq (de Sinner). 50 c.
Pères grecs : Choix de discours (Sommer).   1 fr. 75
Pindare : Isthmiques (les) (Fix et Sommer).   60 c.
— Néméennes (les) (id.).   90 c.
— Olympiques (les) (id.).   1 fr. 50
— Pythiques (les) (id.).   1 fr. 50
Platon : Alcibiade (le premier).   65 c.
— Alcibiade (le second) (Mablin).   50 c.
— Apologie de Socrate (Talbot).   60 c.
— Gorgias (Sommer).   1 fr. 50
Plutarque : De la lecture des poètes (Ch. Aubert).   75 c.
— De l'éducat. des enfants (C. Bailly). 60 c.
— Vie d'Alexandre (Bétolaud).   1 fr.
— Vie d'Aristide (Talbot).   1 fr.
— Vie de César (Materne).   1 fr.
— Vie de Pompée (Druon).   1 fr.
— Vie de Solon (Deltour).   1 fr
— Vie de Themistocle (Sommer).   1 fr
Théocrite : Idylles choisies (L. Renier). Prix :   1 fr. 25
Thucydide : Guerre du Péloponèse :
Livre I (Legouëz).   1 fr. 60
Livre II (Sommer).   1 fr. 60

Xénophon :
Chaque livre séparément. 75 c.
— Cyropédie, livre I (Huret). 75 c.
— Cyropédie, livre II (Huret). 75 c.
— Entretiens mémorables de Socrate (Sommer). 2 fr.
Voir pages 21 et 22. *Classiques grecs* (nouvelle collection, format petit in-16).

Croiset (A.) et Petitjean, professeur agrégé au lycée Buffon. *Premières leçons de grammaire grecque,* rédigées conformément au programme de la classe de Cinquième. 1 vol. in-16, cart. toile. 1 fr. 50
— *Abrégé de grammaire grecque,* in-16, cart. toile. 2 fr. 50
— *Grammaire grecque* à l'usage des classes de grammaire et de lettres. 1 vol. in-16, cart. toile. 3 fr.
— Exercices d'application, voir *Petitjean et Glachant.*

Denys d'Halicarnasse. *Jugement sur Lysias,* texte et traduction française publiés avec un commentaire critique et explicatif par MM. Desrousseaux, maître de conférences à la Faculté des lettres de Lille, et Egger, professeur agrégé au collège Stanislas. 1 vol. in-8, broché. 4 fr.

Dübner. *Lexique français-grec,* à l'usage des classes élémentaires. 1 vol. in-8, cartonnage toile. 6 fr.
— *Lhomond grec,* ou premiers éléments de la grammaire grecque. 1 volume in-8, cartonné. 1 fr. 50
— *Exercices* ou versions et thèmes sur les premiers éléments de la grammaire grecque, précédés d'un traité élémentaire d'accentuation. 1 vol. in-8, cart. 2 fr.
— *Corrigé des Exercices.* In-8, br. 1 fr.

Éditions à l'usage des professeurs. Textes grecs, publiés d'après les travaux les plus récents de la philologie, avec des commentaires critiques et explicatifs et des notices. Format gr. in-8, br. En vente :
Démosthène : Les harangues, par M. H. Weil, membre de l'Institut; 2e édition. 1 vol. 8 fr.
— Les plaidoyers politiques, par M. H. Weil. 2 vol. 16 fr.
Euripide : Sept tragédies, par M. H. Weil; 2e édition. 1 vol. 12 fr.
Homère : L'Iliade, par M. A. Pierron; 3e édit. 2 vol. 16 fr.
— L'Odyssée, par M. A. Pierron; 2e édit. 2 vol. 16 fr.
Sophocle : Tragédies, par M. Tournier, maître de conférences à l'École normale supérieure; 2e édit. 1 vol. 12 fr.
Thucydide : Guerre du Péloponèse. Livres I et II, par M. Alfred Croiset, professeur à la Faculté des lettres de Paris. 1 vol. in-8, broché. 8 fr.

Girard (J.), membre de l'Institut : *Études sur l'éloquence attique* (Lysias, Hypéride, Démosthène); 3e édit., in-16, br. 3 fr. 50
— *Le sentiment religieux en Grèce, d'Homère à Eschyle,* 3e édit. in-16, br. 3 fr. 50
Ouvrage couronné par l'Académie française.
— *Études sur la poésie grecque* (Epicharme — Pindare — Sophocle — Théocrite — Apollonius). in-16, br. 3 fr. 50
— *Essai sur Thucydide,* in-16, br. 3 fr. 50
Ouvrage couronné par l'Académie française.

Henry (V.), chargé de cours à la Faculté des lettres de Paris. *Précis de grammaire comparée du grec et du latin.* 1 vol. in-8, broché. 7 fr. 50

Merlet : *Études littéraires sur les grands classiques grecs,* avec des extraits empruntés aux meilleures traductions. 1 vol. in-16, broché. 4 fr.

Méthode uniforme pour l'enseignement des langues, par E. Sommer :
Abrégé de grammaire grecque. In-16, cartonné. 1 fr. 50
Exercices sur l'Abrégé de grammaire grecque. 1 vol. in-16, cart. 1 fr. 50
Cours de versions grecques, extraites du Recueil de Jacobs. 1re partie. 1 vol. in-16, cartonné. 1 fr.
Cours de versions grecques. 2e partie. 1 vol. in-16, cartonné. 1 fr
Corrigé. 1 vol. in-16, broché. 1 fr. 25
Cours de thèmes grecs. In-16. 1 fr. 50
Corrigé des thèmes grecs. In-16. 2 fr.
Cours complet de grammaire grecque. 1 vol. in-8, cartonné. 3 fr.
Exercices sur le Cours complet de grammaire grecque. In-8, cart. 3 fr.
Corrigé desdits. In-8, cart. 3 fr. 50
V. p. 19 pour la *langue latine.*

Ozaneaux. *Nouveau dictionnaire français-grec.* 1 vol. in-8, cart. toile. 15 fr.

Patin. *Études sur les tragiques grecs,* ou examen critique d'Eschyle, de Sophocle et d'Euripide, 4 vol. in-16, br. 14 fr.

Person (Léonce), ancien professeur au lycée Condorcet : *Exercices de traduction et d'application* sur les mots grecs, de MM. Bréal et Bailly, groupés d'après la forme et le sens. 1 vol. in-16, cart. 1 fr. 50.
Voyez *Bréal et Bailly.*

Petitjean et V. Glachant, professeurs au lycée Buffon : *Exercices d'application* sur les Premières leçons de grammaire grecque de MM. Croiset et Petitjean. 1 vol. in-16, cartonné toile. 2 fr.
— *Exercices* sur l'abrégé de Grammaire grecque de MM. Croiset et Petitjean. 1 vol. in-16 cart. toile. 2 fr. 80
Voir *Croiset* et *Petitjean.*

Pierron. *Histoire de la littérature grecque.* 1 vol. in-16, broché. 4 fr.

Planche. *Dictionnaire grec-français*, refondu entièrement par Vendel-Heyl et A. Pillon. Nouvelle édition augmentée d'un vocabulaire des noms propres, par A. Pillon. 1 vol. grand in-8, cart.   5 fr.

Quicherat (L.). *Chrestomatie* ou premiers exercices de traduction grecque, avec un lexique. Grand in-18, cart.   1 fr. 25

Sommer. *Lexique grec-français*, à l'usage des classes élément. 1 vol. in-8, cart.   6 fr.
Voir *Méthode uniforme pour l'enseignement des langues*, pages 19 et 25.

Tournier. maître de conférences à l'École normale supérieure. *Clef du vocabulaire grec*. 1 vol. in-16, cartonné.   2 fr. 50

Tournier et Riemann, maîtres de conférences à l'École normale supérieure. *Premiers éléments de grammaire grecque*. 1 vol. in-8, cartonné.   1 fr. 50

Traductions françaises des chefs-d'œuvre de la littérature grecque sans le texte grec, à 3 fr. 50 le volume format in-16, broché.
> Le nom des traducteurs est indiqué entre parenthèses.

Anthologie grecque, 2 vol.
Aristophane (C. Poyard), 1 vol.
Diodore de Sicile (F. Hœfer), 4 vol.
Eschyle (Ad. Bouillet), 1 vol.
Euripide (Hinstin), 2 vol.
Hérodote (P. Giguet), 1 vol.
Homère (P. Giguet), 1 vol.
Lucien (E. Talbot), 2 vol.
Plutarque. Vies des hommes illustres (E. Talbot), 4 vol.
— Œuvres morales (Bétolaud), 5 vol.
Sophocle (Bellaguet), 1 vol.
Thucydide (E. Bétant), 1 vol.
Xénophon (E. Talbot), 2 vol.

Vernier (Em.), professeur à la Faculté des lettres de Besançon. *Petit traité de métrique grecque et latine*. 1 vol. in-16, cartonnage toile.   3 fr.

10° ÉTUDE DES LANGUES VIVANTES
1° LANGUE ALLEMANDE

Auerbach. *Choix de récits villageois de la Forêt-Noire*. Texte allemand, publié et annoté par M. B. Lévy, ancien inspecteur général de l'instruction publique; 1 vol. petit in-16, cartonné.   2 fr. 50
Le même ouvrage, traduction française, par M. Lang, sans le texte. 1 vol. petit in-16, broché.   3 fr. 50

Bacharach. *Grammaire allemande*, à l'usage des classes supérieures. In-16. 3 f. 75
— *Cours de thèmes allemands*, accompagnés de vocabulaires. In-16. cart. 3 fr. 25

Benedix. *Le procès*, comédie. Texte allemand, annoté par M. Lange, chargé de conférences à la Faculté des lettres de Paris. 1 vol. petit in-16, cart.   60 c.
Le même ouvrage, traduction française de Mme Boullenot avec le texte. 1 vol. in-16, broché.   75 c.
Le même ouvrage, traduction *juxtalinéaire*, par M. Lange. In-16 br. 1 fr. 50
— *L'entêtement*. Texte allemand, annoté par M. Lange. Petit in-16, cart.   60 c.
Le même ouvrage, traduction française par M. Lange. 1 vol. in-16, broché   75 c.
Le même ouvrage, traduct. *juxtalinéaire*, par M. Lange. 1 vol. in-16, br.   1 fr. 50
— *Scènes choisies du Théâtre de famille*, texte allemand, publié avec une introduction, des notices et des notes, par M. Feuillié, professeur au lycée Janson-de-Sailly. 1 vol. petit in-16, cart. 1 fr. 50
Le même ouvrage, traduction française par M. Feuillié. 1 vol. pet in-16, br.   2 fr.

Bossert. *Traité élémentaire de la formation des mots allemands*. 1 vol. in-16, cartonnage toile.   1 fr. 50

Bossert et Beck. *Le premier livre d'allemand*, règles, listes de mots et exercices. 1 vol. in-16, ill., cart. toile.   1 fr. 20
— *Le deuxième livre d'allemand*. 1 vol. in-16, cart. toile.   2 fr.
— *Grammaire élémentaire de la langue allemande*; 8° édition revue et complétée. 1 vol. in-16, cartonnage toile.   1 fr. 50
— *Exercices sur la grammaire élémentaire de la langue allemande*, en 2 parties. 2 vol. in-16, cartonnage toile :
   1re partie 1 vol.   1 fr. 50
   2° partie. 1 vol   1 fr. 50
— *Les mots allemands groupés d'après le sens*. 1 vol. in-16, cart. toile.   1 fr. 50
— *Exercices sur les mots allemands groupés d'après le sens*. 1 v. in-16, cart. 1 fr. 50
— *Les mots allemands groupés d'après l'étymologie*. 1 vol. in-16, cart. toile.   4 fr.
— *Lectures enfantines allemandes*, à l'usage des classes préparatoires. 1 vol. in-16 avec grav., cart. toile.   1 fr.
— *Lectures élémentaires allemandes*, à l'usage des classes élémentaires. 1 vol. in-16, cart. toile.   1 fr. 50

Braeunig et Dax. *Exercices pratiques de langue allemande*, format in-16, cart.
   Classe Préparatoire. 1 vol.   1 fr. 50
   Classe de Huitième. 1 vol.   1 fr. 50
   Classe de Septième. 1 vol.   1 fr. 50
   Classes de Grammaire. 1 vol.   1 fr. 75

Campe. *Le jeune Robinson.* Texte allemand. 1 vol. in-16, cartonné.   2 fr. 50

Chamisso. *Pierre Schlemihl.* Texte allemand, annoté par M. Koell, professeur au lycée Louis-le-Grand. Petit in-16, c. 1 fr.
Le même ouvrage, traduction française. 1 vol. petit in-16, broché.   1 fr.

Chasles et Eguemann, *Les mots et les genres de la langue allemande.* 1 vol. in-8, cartonné,   2 fr. 50
Voir Eguemann.

Choix de fables et de contes en allemand, recueillis et publiés avec une introduction, des notices et des notes, par M. Mathis, professeur au lycée de Toulouse. 1 vol. petit in-16, cartonné. Prix :   1 fr. 50

Contes et morceaux choisis de Schmid, Krummacher, Liebeskind, Lichtwer, Hebel, Herder et Campe. Texte allemand, annoté par M. Scherdlin, professeur au lycée Charlemagne. Petit in-16, cart.   1 fr. 50

Contes populaires tirés de Grimm, Musæus, Andersen et des *Feuilles de palmier* par Herder et Liebeskind. Texte allemand, annoté par M. Scherdlin. 1 vol. petit in-16, cart.   2 fr. 50

Desfeuilles. *Abrégé de grammaire allemande.* In-16, cartonné.   1 fr. 50
— *Exercices* sur l'Abrégé de grammaire allemande. In-16, cartonné.   1 fr. 50
— *Corrigé* des exercices. In-16, br.   2 fr.

Eguemann. *Le premier livre des mots, des racines et des genres en allemand.* 1 vol. in-18, cartonne.   75 c.
Voir *Chasles et Eguemann.*

Eichhoff. *Morceaux choisis* en prose et en vers des classiques allemands. 3 vol. in-16, cart. :
Iᵉʳ vol. : Cours de Troisième.   1 fr. 50
IIᵉ vol. : Cours de Seconde.   2 fr. 50
IIIᵉ vol. : Cours de Rhétorique.   3 fr.

Gœthe. *Gœtz de Berlichingen.* Texte allemand, annoté par M. Lichtenberger, professeur à la Faculté des lettres de Paris; à l'usage des professeurs. 1 vol. grand in-8, broché.   10 fr.
— *Campagne de France.* Texte allemand, annoté par M. Lévy. 1 vol. petit in-16, cartonné.   1 fr. 50
Le même ouvrage, traduction française, par M. Porchat, sans le texte. 1 vol. petit in-16, broché.   2 fr.
— *Faust,* 1ʳᵉ partie. Texte allemand, annoté par M. Büchner, professeur à la Faculté des lettres de Caen. In-16, cart. 2 fr.
Le même ouvrage, traduction française. par M. Porchat, sans le texte allemand. 1 vol. petit in-16, broché.   2 fr.

Gœthe (suite). *Hermann et Dorothée.* Texte allemand annoté par M. Lévy. In-16, cart.   1 fr.
Le même ouvrage, traduction française, par M. Lévy, avec le texte allemand et des notes. 1 vol. in-16. br.   1 fr. 50
Le même ouvrage, traduction juxtalinéaire, par M. Lévy. In-16, br. 3 fr. 50
— *Iphigénie en Tauride.* Texte allemand, annoté par M. Lévy. Petit in-16, c. 1 fr. 50
Le même ouvrage, traduction française, par M. Lévy, avec le texte allemand et des notes. 1 vol. in-16, broché. 2 fr.
Le même ouvrage, traduction juxtalinéaire, par M. Lang. In-16, br. 3 fr. 50
— *Le Tasse,* Texte allemand, annoté par M. Lévy. 1 vol. petit in-16, cart.   1 fr. 80
Le même ouvrage, traduction française par M. Porchat, sans le texte allemand. 1 vol. in-16, broché.   2 fr.
Le même ouvrage, traduction juxtalinéaire, par M. Lang. In-16. br. 3 fr. 50
— *Morceaux choisis.* Texte allemand, annoté par M. Lévy. Petit in-16, cart. 3 fr.

Gœthe et Schiller : *Poésies lyriques.* Texte allemand publié avec une notice littéraire et des notes par M. H. Lichtenberger, maître de conférences à la Faculté des lettres de Nancy. 1 vol. petit in-16, cartonné.   2 fr. 50

Hauff. *Lichtenstein,* parties I et II. Texte allemand publié et annoté par M. Muller, professeur au collège Rollin. 1 vol. petit in-16, cartonné.   2 fr. 50
— *Lichtenstein,* traduction française par M. de Suckau. 1 vol. in-16, br.   1 fr.

Hebel : *Contes choisis* (Schatzkästlein). Texte allemand, publié avec une introduction. une notice, des notes, par M. Feuillié, professeur au lycée Janson-de-Sailly. 1 vol. petit in-16, cartonné.   1 fr. 50
Le même ouvrage, trad. française, sans le texte, par M. Feuillié. 1 v. p. in-16, b. 1 fr. 50
Voir *Contes et morceaux choisis.*

Heinhold. *Petit dictionnaire français-allemand et allemand-français.* 1 vol. in-16, cartonnage toile.   4 fr.

Henry (V.). *Précis de grammaire comparée de l'anglais et de l'allemand* rapportés à leur commune origine et rapprochés des langues classiques. 1 vol. in-8, broché.   7 fr. 50

Herder. *Idées sur la philosophie de l'histoire de l'humanité.* Texte allemand; édition complète. In-16, cart.   4 fr. 50

Hoffmann : *Le tonnelier de Nuremberg* (Meister Martin). Texte allemand, annoté par M. Baüer. Petit in-16, cart.   2 fr.
Le même ouvrage, traduction française par M. Malvoisin. 1 vol. petit in-16, broché.   1 fr.

Journal allemand (Le). *Deutsche Zeitung für die Französische Jugend.* Journal allemand pour les jeunes Français. Ce journal parait le premier et le troisième samedi de chaque mois, à l'exception des mois d'août et de septembre. — Abonnement : 6 fr. par an.

Kleist : *Michaël Kohlhaas.* Texte allemand, annoté par M. Koch. 1 vol. petit in-16, cartonné.   1 fr.

Le même ouvrage, traduit en français par Mme Ida Becker, avec le texte allemand. 1 vol. in-16, br.   2 fr. 50

Le même ouvrage, trad. juxtalinéaire par Mme Ida Becker. 1 vol. in-16, br.   4 fr.

Koch, professeur au lycée Saint-Louis : *Cours primaire d'allemand.* 1 vol. in-16, cartonné.   2 fr.

— *La classe en allemand*, nouveaux dialogues. Petit in-16, cartonné.   1 fr. 25

— *Lexique français-allemand*, rédigé conformément au décret du 19 juin 1880, à l'usage des candidats au baccalauréat. 1 vol. in-16, cartonnage toile.   4 fr.

Reconnu conforme à la note officielle du 29 janvier 1891.

— *Lexique allemand-français*, contenant un grand nombre de termes nouveaux et l'indication de la nouvelle orthographe allemande. 1 vol. in-16, cart. toile.   6 fr.

Kotzebuë. *La petite ville allemande*, suivie d'extraits de *Misanthropie et Repentir*, et de l'*Epigramme*. Texte allemand, annoté par M. Bailly. 1 vol. petit in-16, cartonné.   1 fr. 50

Le même ouvrage, traduction française par M. Desfeuilles, avec le texte allemand. 1 vol. in-16, broché.   2 fr.

Le même ouvrage, trad. juxtalinéaire par M. Desfeuilles. 1 vol. in-16, br. 3 fr. 50

Lectures géographiques. Textes extraits des écrivains allemands, par M. Kuhff, avec exercices et cartes. In-16, cart. 3 fr.

Le Roy. *Recueil de versions allemandes.* Textes et traductions. 2 vol. in-16.   2 fr.

Lessing. *Fables*, annotées par M. Boutteville. 1 vol. in-16, cartonné.   1 fr.

Le même ouvrage, trad. *juxtalinéaire*, par M. Boutteville. In-16, br.   1 fr. 50

— *Dramaturgie de Hambourg.* Extraits annotés par M. Cottler. 1 vol. petit in-16, cartonné.   1 fr. 50

Le même ouvrage, traduction française, par M. Desfeuilles, avec le texte en regard. 1 vol. in-16, broché.   3 fr.

Le même ouvrage, trad. *juxtalinéaire*, par M. Desfeuilles. 1 v. in-16, br.   7 fr. 50

Lessing (suite). — *Lettres sur la littérature moderne et lettres archéologiques* Extraits annotés par M. Cottler. 1 vol petit in-16, cart.   2 fr.

— *Laocoon.* Texte allemand, annoté par M. Lévy. 1 vol. petit in-16, cart.   2 fr.

Le même ouvrage, trad. fr. par M. Courtin, sans le texte. 1 vol. petit in-16, br. 2 fr.

— *Minna de Barnheim.* Texte allemand, par M. Lévy. Petit in-16, cart.   1 fr. 50

Le même ouvrage, traduction française par M. Lang. 1 vol. petit in-16, br. 2 fr.

Lévy (B.), ancien inspecteur général de l'Instruction publique : *Exercices de conversation allemande.* 3 vol. in-16, cart. :

I. *Exercices sur les parties du discours*, à l'usage des cours élémentaires. 1 volume.   1 fr. 25

Traduction française, par M. Hildt. 1 vol. in-16, broché.   1 fr. 50

II. *Sujets de conversation*, à l'usage des cours moyens. 1 vol.   1 fr. 75

Traduction française, par M. Schmitt. 1 vol. in-16, broché.   2 fr.

III. *Sujets de conversation*, à l'usage des cours supérieurs. 1 vol.   3 fr.

Traduction française, par M. Schmitt. 1 vol. in-16, broché.   3 fr. 50

— *Recueil de lettres allemandes*, avec notes en français. 1 vol. in-16, cartonné.   2 fr.

Le même ouvrage, reproduit en écritures autographiques. 1 vol. in-8, cart. 3 fr. 50

Niebuhr. *Histoires tirées des temps héroïques de la Grèce.* Texte allemand, annoté, par M. Koch. 1 vol. petit in-16, cartonné.   1 fr. 50

Le même ouvrage, traduction française, par Mme Koch, avec le texte allemand. 1 vol. in-16, broché.   1 fr. 75

Le même ouvrage, traduction *juxtalinéaire*, par Mme Koch. In-16.   2 fr. 50

Riquiez, professeur agrégé d'allemand au lycée Louis-le-Grand. *Manuel de grammaire allemande.* Résumé des principales difficultés grammaticales enseignées par des exemples. 1 vol. in-16, cartonné.   1 fr. 50

— *Cours de thèmes allemands.* 1 vol in-16, cartonné.   1 fr. 50

Scherdlin, professeur au lycée Charlemagne. *Cours de thèmes allemands*, à l'usage des candidats au baccalauréat et à l'École Saint-Cyr. In-16, cart. 3 fr.

— *Traduction allemande* du Cours de thèmes. In-16, broché.   3 fr. 50

cherdlin (suite). *Cours élémentaire de thèmes allemands* rédigé conformément aux programmes de 1892, à l'usage des classes de 9ᵉ, 8ᵉ et 7ᵉ avec des éléments de grammaire et un lexique. 1 vol. in-16, cart. 2 fr.

— *Lectures enfantines*, à l'usage des classes Préparatoires. In-16, cartonné. 1 fr. 25

— *Morceaux choisis d'auteurs allemands,* en prose et en vers, publiés avec des notes et un vocabulaire ; in-16, cart. :

    Classe de Huitième. 1 vol. 75 c.
    Classe de Septième. 1 vol. 75 c.
    Classe de Sixième. 1 vol. 1 fr.
    Classe de Cinquième. 1 vol. 1 fr.
    Classe de Quatrième. 1 vol. 1 fr.
    Classe de Troisième. 1 vol. 1 fr. 50
    Classe de Seconde. 1 vol. 1 fr. 50
    Classe de Rhétorique (en préparation).

Schiller. *Histoire de la guerre de Trente ans.* Texte allemand annoté par MM. Schmidt et Leclaire. 1 vol. petit in-16, cartonné. 2 fr. 50

Le même ouvrage, traduction française de M. Ad. Regnier, sans le texte allemand. 1 vol. petit in-16. br. 3 fr. 50

— *Histoire de la révolte qui détacha les Pays-Bas de la domination espagnole.* Texte allemand, annoté par M. Lange. 1 vol. petit in-16, cart. 2 fr. 50

Le même ouvrage, traduction française, par M. Ad. Regnier, sans le texte. 1 vol. in-16, broché. 3 fr.

— *Jeanne d'Arc.* Texte allemand, annoté par M. Bailly, maître de conférences a la Faculté des lettres de Lille. 1 vol. petit in-16, cart. 2 fr. 50

Le même ouvrage, traduction française, par M. Ad. Regnier, sans le texte, 1 v. petit in-16, br. 2 fr.

— *Guillaume Tell,* drame. Texte allemand, annoté par **M.** Th. Fix. 1 vol. in-16 cartonné. 1 fr. 50

Le même ouvrage, traduction française avec le texte en regard, par M. Fix. 1 vol. in-16, broché. 2 fr. 50

Le même ouvrage, traduction *juxtalinéaire,* par M. Fix. 1 v. in-16, br. 5 fr.

— *La fiancée de Messine.* Texte allemand, publié avec des notes par M. Scherdlin. 1 vol. petit in-16, cartonné. 1 fr. 50

Le même ouvrage, traduction française par M. Ad. Regnier, avec le texte. 1 vol. in-16, broché. 2 fr.

Le même ouvrage, traduction *juxtalinéaire,* par M. Schnaufer. 1 vol. in-16, broché. 3 fr. 50

— *Marie Stuart,* tragédie. Texte allemand, annoté par M. Fix. In-16, cart. 1 fr. 50

Le même ouvrage, traduction française avec le texte en regard, par M. Fix. 1 vol. in-16, broché. 4 fr.

Le même ouvrage, traduction *juxtalinéaire,* par M. Fix. 1 v. in-16, br. 6 fr.

— *Morceaux choisis,* publiés et annotés par M. Lévy. 1 vol. petit in-16, cartonné. 3 fr.

— *Oncle et neveu,* comédie. Texte allemand, annoté par M. Briois. 1 vol. petit in-16, cartonné. 1 fr.

Le même ouvrage, traduction française, sans le texte. 1 vol. petit in-16, br. 1 fr.

— *Wallenstein.* Texte allemand, annoté par M. Cottler. Petit in-16, cart. 2 fr. 50

Le même ouvrage, traduction française, par M. Ad. Regnier, sans le texte. 1 vol. petit in-16, broché. 3 fr.

Schiller et Goethe. *Extraits de leur correspondance.* Texte allemand, annoté par M. B. Lévy. Petit in-16, cart. 3 fr.
Le même ouvrage, trad. franç., par M. B. Lévy. 1 vol. petit in-16, br. 3 fr. 50

— *Poésies lyriques,* texte allemand publié et annoté par M. Lichtenberger, maître de conférences à la Faculté des lettres de Nancy. 1 vol. petit in-16, cart. 2 fr. 50

Schmid. *Les œufs de Pâques.* Texte allemand, annoté par M. Scherdlin. 1 vol. petit in-16, cart. 1 fr. 25

— *Cent petits contes.* Texte allemand, annoté par M. Scherdlin, 1 vol. petit in-16, cartonné. 1 fr. 50

Le même ouvrage, traduction française, par M. Scherdlin, avec le texte. 1 vol. in-16, br. 2 fr.

Le même ouvrage, trad. *juxtalinéaire,* par M. Scherdlin. 1 v. in-16, br. 3 fr. 50

Suckau. *Dictionnaire allemand-français et français-allemand,* complètement refondu et remanié par M. Th. Fix. 1 fort vol. grand in-8, cartonnage toile. 15 fr.

Le *Dictionnaire allemand-français* et le *Dictionnaire français-allemand* se vendent chacun séparément, cart. toile. 8 fr.

2° LANGUE ANGLAISE

Aikin et Barbauld : *Soirées ou logis* (Evenings at home). Extraits publiés avec des notices et des notes, par M. Tronchet, professeur au lycée de Lyon. 1 vol. petit in-16, cartonné.   1 fr. 50

Battier et Legrand, agrégés de l'Université. *Lexique français-anglais.* rédigé conformément au décret du 19 juin 1880, à l'usage des candidats au baccalauréat. 1 vol. in-16, cart. toile.   4 fr.
    Reconnu conforme à la note officielle du 29 janvier 1881.

Baume (P.). *Correspondance générale anglaise et française.* 1 vol. in-16, cartonnage toile.   3 fr. 50

Beljame (A.), professeur adjoint à la Faculté des lettres de Paris. *Première année d'anglais.* 1 vol. in-16, cart. 1 fr.
— *Deuxième année d'anglais*, 1 vol. in-16. cart.   1 fr. 25
— *First english reader*, à l'usage de la classe Préparatoire. 1 vol. in-16, cart. toile. 1 fr.
— *Second english reader.* Classe de Huitième. 1 vol. in-16, cart. toile.   1 fr. 25
— *Third english reader.* Classe de Septième. 1 vol. in-16, cart. toile. 1 fr. 50
— *Fourth English reader.* Classe de sixième, 1 vol. in-16 cart. toile.   1 fr. 50
— *Exercices oraux de langue anglaise.* 1 vol. in-16, cartonné.   1 fr. 50
— *Cours pratique de prononciation anglaise.* 1 vol. in-8, cartonné.   2 fr.

Bellows (J.). *Dictionnaire de poche anglais-français et français-anglais*, édition revue par M. Beljame, 1 vol. in-32, relié.   13 fr. 50

Bossert et Beljame *Les mots anglais groupés d'après le sens*, 1 vol. in-16, cartonnage toile.   1 fr. 50
V. Soult.

Byron. *Childe Harold.* Texte anglais, annoté par M. Emile Chasles, inspecteur général de l'instruction publique. 1 vol. petit in-16, cartonné.   2 fr.
Le même ouvrage, traduction de M. Bellet, avec le texte. In-16, broché.   3 fr.
Le même ouvrage, traduction *juxtalinéaire*, par M. Bellet. 1 vol. in-16, 6 fr.
    Chacun des trois premiers chants. 1 fr 50
    Le quatrième chant.   2 fr. 50

Choix de contes anglais publié et annoté par M. Beaujeu, professeur au lycée Condorcet. 1 vol. petit in-16, cart. 1 fr. 50
Le même ouvrage, traduction française. 1 vol. petit in-16, br.   1 fr. 50

Cook (le capitaine). *Voyages.* Texte anglais. Extraits annotés par M. Angellier. 1 vol. petit in-16, cartonné.   2 fr.

Corner (Miss). *Histoire d'Angleterre* Texte anglais ; édition complète. In-16, cartonnage toile.   3 fr. 50
— *Abrégé de l'Histoire d'Angleterre.* Texte anglais. In-18, cartonnage toile.   2 fr.
— *Histoire de la Grèce.* Texte anglais ; édition complète. In-16, cart. toile. 3 fr. 50
— *Abrégé de l'Histoire de la Grèce.* Texte anglais. In-18, cartonnage toile.   2 fr.

Dickens. *David Copperfield.* Texte anglais. In-16, cartonnage toile.   3 fr.
Le même ouvrage, trad. franç. 2 vol. in-16, br.   2 fr.
— *Nicolas Nickleby.* Texte anglais. In-16, cartonnage toile.   3 fr.
Le même ouvrage, trad. franç. 2 vol. in-16., br.   2 fr.
— *La petite Dorrit* (Little Dorrit). Texte anglais. In-16, cartonnage toile, 4 fr. 50.
Le même ouvrage, traduction française par M. P. Lorain. 2 vol. in-16 br.   2 fr.
— *Un conte de Noël* (A Christmas carol's). Texte anglais, publié et annoté par M. Fiévet, professeur au lycée Henri IV. 1 vol. petit in-16, cart.   1 fr. 50
— *Contes de Noël*, trad. franç., in-16.   1 fr.

Edgeworth (Miss). *Contes choisis*, annotés par M. Mothéré, professeur au lycée Charlemagne. 1 vol. petit in-16, cart. 2 fr.
— *Forester.* Texte anglais, annoté par M. A. Beljame. Petit in-16. cart. 1 fr. 50
Le même ouvrage, traduction française de M. Beljame. Petit in-16, br. 1 fr. 50
— *Old Poz*, texte annoté par M. A. Beljame. 1 vol. petit in-16, cart.   40 c.

Eichhoff. *Morceaux choisis* en prose et en vers des classiques anglais. 3 vol. in-16, cartonnés :
1er vol. : Cours de Troisième.   1 fr. 50
2e vol. : Cours de Seconde.   2 fr. 50
3e vol. : Cours de Rhétorique.   3 fr.

Éliot (G.). *Silas Marner.* Texte anglais, annoté par M. Malfroy, professeur au lycée Michelet. Petit in-16, cart. 2 fr. 50
Le même ouvrage, trad. française. 1 vol. in-16, broché.   1 fr.
— *Adam Bede*, texte anglais, 1 vol. in-16, cartonné.   3 fr.
Le même ouvrage, trad. franç. 2 vol. in-16, br.   2 fr.

Filon (Augustin). *Histoire de la littérature anglaise.* 1 vol. in-16, br.   6 fr.

Fleming. *Abrégé de grammaire anglaise.* 1 vol. in-16, cartonné.   1 fr. 25
— *Exercices.* In-16, cart.   1 fr. 25
— *Corrigé desdits.* In-16, broché. 1 fr. 50
— *Cours complet de grammaire anglaise.* 1 vol. in-8, cartonné.   3 fr.
— *Exercices* par M. Aug. Beljame. In-8. 3 **r**

●e (Daniel de). *Vie et aventures de Ro-binson Crusoé*. Texte anglais, annoté par M. A. Beljame. Petit in-16, cart. 1 fr. 50

●anklin (B.) : *Autobiographie*. Texte anglais, annoté par M. Fiévet, professeur au lycée Henri IV. 1 volume petit in-16, cartonné. 1 fr. 50

Le même ouvrage, traduction française p. M. Laboulaye. 1 v. pet. in-16, br. 1 fr. 50

●ldsmith. *Le vicaire de Wakefield*. Texte anglais, annoté par M. A. Beljame. 1 vol. petit in-16, cartonné. 1 fr. 50

Le même ouvrage, traduction française, seule. 1 vol. in-16, broché. 1 fr.

Le voyageur; le village abandonné. Texte anglais, annoté par M. Motheré. . vol. petit in-16, cartonné. 75 c.

Le même ouvrage, traduction française de M. Legrand, avec le texte. 1 vol. in-16, broché. 75 c.

Le même ouvrage, traduction *juxtali-néaire*, par M. Legrand. In-16. 1 fr. 50

Essais choisis. Texte anglais, annoté par M. Mac-Enery. Petit in-16, cart. 1 fr. 50

●usseau Koch. *La classe en anglais*. Nouveaux dialogues. 1 vol. petit in-16, cartonné. 1 fr. 25

●ay. *Choix de poésies*. Texte anglais, annoté par M. Legouis, maître de confé-rences à la Faculté des lettres de Lyon. . vol. petit in-16, cartonné. 1 fr. 50

●nry (V.). *Précis de grammaire com-parée de l'anglais et de l'allemand rap-portés à leur commune origine et rap-prochés des langues classiques*. 1 vol. in-8, broché. 7 fr. 50

●ving (Washington). *Le livre d'esquisses* (The sketch book). Extraits publiés par M. Fiévet, professeur au lycée Henri IV. 1 vol. petit in-16, cartonné. 2 fr.

La vie et les voyages de Christophe Colomb. Texte anglais, édition abrégée par M. E. Chasles, inspecteur général. . vol. petit in-16, cartonné. 2 fr.

●urnal anglais (Le). *The English Journal, a periodical for French youth*. Journal anglais pour les jeunes Français. Ce journal paraît le second et le quatrième samedi de chaque mois, à l'exception d'août et de septembre. — Abonnement : ● fr. par an.

●rts (G.) : *Commercial terms*. Vocabu-laire anglais-français et français-anglais. ● vol. in-16, cartonnage toile. 2 fr.

Roy. *Recueil de versions anglaises*. Textes et traductions. 2 vol. in-16, br. 2 fr.

●acaulay. *Morceaux choisis des Essais*. Texte anglais, annoté par M. A. Beljame. ● vol. petit in-16, cart. 2 fr. 50

Macaulay (suite). *Morceaux choisis de l'histoire d'Angleterre*. Texte anglais, annoté par M. Battier. 1 vol. petit in-16, cart. 2 fr. 50

Mac Enery, professeur au lycée Con-dorcet. *L'anglais mis à la portée de tout le monde*. 1 vol. in-16, cartonné. 2 fr.

Meadmore, professeur agrégé au lycée Condorcet : *Les idiotismes et les pro-verbes de la conversation anglaise*, groupés d'après le plan des mots anglais de MM. Bossert et Beljame. 1 vol. in-16, cartonnage toile. 1 fr. 50

— *Exercices sur les idiotismes et les pro-verbes de la conversation anglaise*. 1 vol. in-16, cart. toile. 1 fr. 50

Milton. *Paradis perdu*, livres I et II. Texte anglais, annoté par M. A. Beljame. 1 vol. petit in-16, cartonné. 90 c.

Le même ouvrage, traduction *juxtali-néaire*, par M. Legrand. In-16. 2 fr. 50

Morel, professeur au lycée Louis-le-Grand. *Cours de thèmes anglais*, à l'usage des classes supérieures et des candidats au baccalauréat. 1 vol. in-16, cart. 2 fr. 50

Nugent. *Dictionnaire de poche français-anglais et anglais-français*. 1 vol. in-32, cart. toile. 3 fr. 50

Passy. *Premiers éléments de langue anglaise*. 1 vol. in-16, cart. 1 fr. 25

Pope. *Essai sur la critique*. Texte anglais annoté par M. Motheré. Petit in-16. 75 c.

Le même ouvrage, traduction française, par M. Motheré, avec le texte. In-16. 1 fr.

Le même ouvrage, traduction *juxtali-néaire*, par M. Motheré. In-16. 1 fr. 50

Ragon. *Correspondance commerciale française et anglaise*. 1 vol. in-16, car-tonnage toile. 5 fr.

Shakespeare. *Coriolan*. Texte anglais, annoté par M. Fleming. 1 vol. in-16, cartonné. 2 fr.

Le même ouvrage, trad. française, avec le texte, par M. Fleming. 1 vol. in-16, broché. 4 fr.

Le même ouvrage, traduction *juxtali-néaire*. 1 vol. in-16, broché. 6 fr.

— *Jules César*. Texte anglais, annoté par M. Fleming. Petit in-16, cart. 1 fr. 25

Le même ouvrage, traduction par M. Mon-tégut, avec le texte. In-16. 1 fr. 50

Le même ouvrage, traduction *juxtali-néaire*, par M. Legrand. In-16. 2 fr. 50

— *Henri VIII*. Texte anglais, annoté par M. Morel. Petit in-16, cart. 1 fr. 25

Le même ouvrage, traduction française par M. Montégut. In-16, br. 1 fr. 50

Le même ouvrage, traduction *juxtali-néaire*, par M. Morel. In-16, br. 3 fr.

Shakespeare (Suite). *Macbeth*, Texte anglais, annoté par M. Morel. 1 vol. petit in-16, cart.   1 fr. 80

Le même ouvrage, trad. franç. de M. Montégut, avec le texte. 1 v. in-16, br. 1 fr. 50

Le même ouvrage, trad. *juxtalinéaire*, par M. Angellier. 1 v. in-16, br. 2 fr. 50

— *Othello*. Texte anglais, annoté par M. Morel. 1 vol. petit in-16, cart. 1 fr. 80

Le même ouvrage, traduction française par M. Montégut, avec le texte. 1 vol. in-16, broché.   1 fr. 50

Le même ouvrage, traduction *juxtalinéaire*, par M. Legrand, 1 vol. in-16 3 fr.

— *Richard III*. Texte anglais. In-18. 1 fr.

Le même ouvrage, traduction française par M. Bellet. In-16, broché.   2 fr.

Le même ouvrage, traduction *juxtalinéaire*, par M. Bellet. In-16, br.   4 fr.

Soult (Mlle). *Exercices sur les mots anglais groupés d'après le sens* de MM. Bosser et Beljame. 1 vol. in-16, cartonnag toile.   1 fr. 5(

Stuart Mill. *La Liberté*. Texte anglais 1 vol. in-16, cartonné.   1 fr. 6(

Tennyson. *Enoch Arden*. Texte anglais annoté par M. Al. Beljame. 1 v. petit in-16 cart.   1 fr

Le même ouvrage, traduction français par le même. 1 vol. in-18, br.   50 c

Walter Scott. *Extraits des contes d'ur grand-père*. Texte anglais, annoté pa M. Talandier. Petit in-16, cart. 1 fr. 5(

— *Morceaux choisis* annotés par M. Battier 1 vol. petit in-16, cartonné.   3 fr

— *Les puritains d'Ecosse* (Old mortality) Texte anglais, in-16, cartonné.   2 fr

— *L'antiquaire*. Texte anglais. In-16, c. 2 fr

— *Rob Roy*. Texte anglais. In-16, c.   2 fr

— *Ivanhoë*. Texte anglais. In-16, c.   2 fr

3° LANGUE ITALIENNE

Dante. *L'Enfer*, 1er chant. Texte italien, annoté par M. Melzi. Petit in-16.   75 c.

Le même ouvrage, traduction *juxtalinéaire*. 1 vol. in-16, broché.   1 fr.

Étienne, ancien recteur d'Académie : *Histoire de la littérature italienne*, depuis ses origines jusqu'à nos jours ; 2e édition. 1 vol. in-16, broché.   4 fr.

Ouvrage couronné par l'Académie française

Guichard, professeur d'italien au lycée de Grenoble. *Les mots italiens groupés d'après le sens*. 1 vol. in-16, cart. 1 fr. 50

Machiavel. *Discours sur la première décade de Tite-Live*. Texte italien, réduit à l'usage des classes, et précédé d'une introduction en français, par M. de Tré verret, professeur à la Faculté des lettre de Bordeaux. 1 vol. in-16, br.   2 fr. 5(

Manzoni. *Les fiancés*. Texte italien, précédé d'une introduction en français, pa M. de Tréverret. 1 v. in-16, cart. 2 fr. 5)

— *Le même ouvrage*, trad. franç. pi M. Martinelli. 2 vol. in-16, br.   2 fr

Morceaux choisis en prose et en vers de classiques italiens, publiés par M. Loui Ferri. 1 vol. petit in-16, cartonné.   2 fr

Paoli. *Abrégé de grammaire italienne* 1 vol. in-16, cartonné.   1 fr. 2!

Rapelli. *Exercices sur l'abrégé de l grammaire italienne*. In-16. c. 1 fr. 2

4° LANGUE ESPAGNOLE

Baro et Lanquine, professeurs aux Écoles municipales supérieures de la Ville de Paris *Les mots espagnols groupés d'après le sens*. 1 vol. in-16, cart. toile.   1 fr. 50

— *Exercices sur les mots italiens groupés d'après le sens*. 1 vol. in-16, cart. 1 fr. 50

Bustamante (Corona). *Diccionario francces-español*. 1 vol. in-8, relié.   17 fr.

Calderon de la Barca. *Le magicien prodigieux*. Texte espagnol, publié par M. Magnabal. 1 v. petit in-16, cart.   1 fr.

Cervantès. *Le captif*, texte espagnol extrait de *Don Quichotte*, publié avec des notes par M. J. Merson. In-16, cart.   1 fr.

Le même ouvrage, traduction française, avec le texte en regard, par M. J. Merson. In-16 broché.   2 fr.

Hernandez. *Abrégé de grammaire espa gnole*. 1 vol. in-16, cartonné.   1 fr. 2

— *Exercices*. In-16, cartonné.   1 fr. 2

— *Cours complet de grammaire espagnolk* 1 vol. in-8, cartonné.   3 fr. 5

Mendoza (Hurtado de). *Morceaux choisi de la guerre de Grenade*. Texte espagnol publié et annoté par M. Magnabal. 1 vol petit in-16, cartonné.   90 c

Morceaux choisis en prose et en ver des classiques espagnols, publiés pa MM. Hernandez et Le Roy. 1 vol. peti in-16, cartonné.   2 fr

Solis (Antonio de). *Morceaux choisis de l conquête du Mexique*. Texte espagnol publié par M. Magnabal. 1 vol. petit in-16 cartonné.   1 fr. 8(

NOUVEAU COURS
DE

GRAMMAIRE FRANÇAISE

Rédigé conformément au programme
DE L'ENSEIGNEMENT SECONDAIRE CLASSIQUE

PAR

A. BRACHET	**J. DUSSOUCHET**
Lauréat de l'Académie française	Agrégé des classes de grammaire,
et de l'Académie des Inscriptions.	Professeur au lycée Henri IV.

12 volumes in-16, cartonnage toile

COURS PRÉPARATOIRE

Grammaire française. Théorie et exercices, à l'usage de la classe de 9°. 1 vol.   1 fr. »
Corrigé des Exercices du Cours préparatoire de grammaire française 1 vol.   2 fr. »

COURS ÉLÉMENTAIRE

Grammaire française. Théorie et exercices à l'usage des classes de 8° et 7°. 1 vol.   1 fr. 20
Corrigé des Exercices du Cours élémentaire de grammaire française. 1 vol.   2 fr. 50
Exercices complémentaires sur le Cours élémentaire de grammaire française
1 vol. . . . . 1 fr. »
Corrigé des Exercices complémentaires sur le Cours élémentaire de gram-
maire française. 1 vol. . . . . 2 fr. »

COURS MOYEN

Grammaire française à l'usage des classes de 6° et de 5°. 1 vol. . . . . 1 fr. 20
Exercices sur le Cours moyen de grammaire française. 1 vol. . . . . 1 fr. »
Corrigé des exercices sur le Cours moyen de grammaire française. 1 vol. . . 2 fr. 75

COURS SUPÉRIEUR

Grammaire française à l'usage de la classe de 4° et des classes supérieures. 1 vol.   2 fr. 50
Exercices étymologiques sur le Cours supérieur de grammaire française. 1 vol.   1 fr. »
Corrigé des exercices étymologiques sur le Cours supérieur de grammaire
française. 1 vol. . . . . 2 fr. »

MICHEL BRÉAL et	**LÉONCE PERSON**
Professeur au Collège de France	Ancien professeur au lycée Condorcet
# GRAMMAIRE LATINE	# GRAMMAIRE LATINE
ÉLÉMENTAIRE	**COURS ÉLÉMENTAIRE ET MOYEN**
1 vol. in-16, cartonnage toile. . . . 2 fr.	1 vol. in-16, cartonnage toile. . . 2 fr. 50

ALFRED CROISET	**PETITJEAN**
Professeur à la Faculté des lettres de Paris	Professeur agrégé au lycée Buffon

PREMIÈRES LEÇONS DE GRAMMAIRE GRECQUE

RÉDIGÉES CONFORMÉMENT AU PROGRAMME DU 28 JANVIER 1890
A l'usage de la classe de Cinquième

Un volume in-16, cartonnage toile. . . . . 1 fr. 50

ABRÉGÉ DE GRAMMAIRE GRECQUE

A l'usage des classes de grammaire

Un volume in-16, cartonnage toile. . . . . 2 fr. 50

GRAMMAIRE GRECQUE

A l'usage des classes de grammaire et de lettres

Un volume in-16, cartonnage toile. . . . . 3 fr.

Exercices d'application sur les premières leçons de Grammaire grecque,
par MM. PETITJEAN et V. GLACHANT, professeurs agrégés au lycée Buffon. Un volume
in-16, cartonnage toile. . . . . 2 fr.
Exercices d'application sur l'abrégé de la Grammaire grecque, par
MM. PETITJEAN ET GLACHANT. 1 vol. in-16, cartonnage toile. . . . . 2 fr. 80

DICTIONNAIRES
LATIN-FRANÇAIS ET FRANÇAI[S]
De L. QUICHERAT
NOUVELLES ÉDITIONS, ENTIÈREMENT REFO[NDUES]
Par M. CHATELAIN
chargé de cours à la Faculté des lettres de Paris.
2 volumes grand in-8, cartonnage toile. Chaque volume. . . . . .

LEXIQUES
LATIN-FRANÇAIS ET FRANÇAI[S]
Extraits des Dictionnaires de M. QUICHE[RAT]
Par M. SOMMER
Nouvelles éditions refondues par M. CHATELAIN
2 volumes in-8, cartonnage toile. Chaque volume. . . . . .

DICTIONNAIRE GREC-FR[ANÇAIS]
Rédigé avec le concours de M. E. EGGER
A L'USAGE DES ÉLÈVES DES LYCÉES ET DES COLL[ÈGES]
CONTENANT
un vocabulaire complet de la langue grecque classique, l'étym[ologie, les noms]
propres placés à leur ordre alphabétique, une liste de ra[cines]
Par M. A. BAILLY
correspondant de l'Institut, Professeur honoraire au lycée d'O[rléans]
volume grand in-8 de 2200 pages, cartonnage toile . . . .

DICTIONNAIRE GREC-FRA[NÇAIS]
Par M. C. ALEXANDRE
AVEC UN VOCABULAIRE DES NOMS PROPRES
Par A. PILLON
1 volume grand in-8, cartonnage toile . . . .

ABRÉGÉ DU
DICTIONNAIRE GREC-FRA[NÇAIS]
Par M. C. ALEXANDRE
1 volume grand in-8, cartonnage toile . . . .

DICTIONNAIRE FRANÇAIS[-GREC]
Par MM. ALEXANDRE, PLANCHE et DEFAUCO[N]
1 volume grand in-8, cartonnage toile . . . .

LEXIQUES
GREC-FRANÇAIS | FRANÇAIS[-GREC]
A L'USAGE DES CLASSES ÉLÉMENTAIRES | A L'USAGE DES CLASSES
Par M. SOMMER | Par M. DU[...]
1 volume in-8, cartonnage toile . . 6 fr. | 1 volume in-8, cartonn[age]

36222. — Imprimerie LAHURE, rue de Fleurus, 9, à Paris.

www.ingramcontent.com/pod-product-compliance
Ingram Content Group UK Ltd.
Pitfield, Milton Keynes, MK11 3LW, UK
UKHW020133080726
13614UKWH00005B/2202